AF237578

Tagebuch gegen Depressionen
-Zum Ausfüllen und Ankreuzen-

Doreen Schmidt

Dieses Buch gehört:

_____

© 2021
Herstellung und Verlag:
BoD – Books on Demand, Norderstedt
ISBN: 978-3-7534-9504-0

Herzlich willkommen zu
Deinem Tagebuch gegen Depressionen

Die „Depression" ist eine sehr schwere psychische Erkrankung, die mittlerweile als Krankheit in der Oeffentlichkeit vollständig akzeptiert und anerkannt wird. Wenn man eine Depression hat, ist es natürlich sehr hilfreich, wenn man vom Umfeld verstanden wird. Noch viel wichtiger ist jedoch, neben dem medikamentösen Weg, einen Umgang mit sich selbst zu finden, auf seine Gefühle und Gedanken zu achten und diese zu reflektieren. Auf jeden Fall kann hier auch eine Psychologe oder Psychotherapeut unterstützen. Im Idealfall kann der Betroffene jedoch auch selbst etwas gegen seine Zustände unternehmen. Dieses Tagebuch setzt genau an dieser Stelle an und soll den Erkrankten dabei unterstützen, täglich einen Weg aus dem Wirrwarr der eigenen Symptome zu finden. Es unterstützt Dich in folgenden Aspekten:

Ueberwachung des Schlafes

Ausführliche Reflektion über die eigene Gefühlswelt

Selbstwertgefühl und Selbstbestätigung

Erledigung von sehr dringenden Pflichten

Hilfe bei starker Antriebslosigkeit

Hilfe beim Einhalten von sozialen Kontakten

Wahrung der eigenen Grenzen

Konzentration auf die positiven Dinge im Alltag

Hilfe gegen Einschlafstörungen

Ausführliche Reflektion des Tages

Das hört sich alles toll an, wirst Du denken, doch wie wird dies durch ein Tagebuch umgesetzt? Das ist ganz einfach, denn dieses Buch besteht aus täglichen Fragen zum Ankreuzen und Ausfüllen und erleichtert damit schon im ersten Schritt die Auseinandersetzung mit sich selbst. Man muss sich keine Ueberlegungen aus den „Fingern saugen" und folgt somit einem festen Plan. Dabei benötigt man maximal 20 Minuten beim Ausfüllen: 10 Minuten für morgens und 10 Minuten für Abends. Es ist also gerade so angelegt, das man, ohne zu viel Zeit aufzuwenden, sinnvoll über sich selbst Reflektieren kann. Seine eigenen Schwierigkeiten und Probleme besser im Auge behält, einzelne Tage miteinander vergleichen kann und sich der Schwere der eigenen Symptomatik bewusst werden kann, falls diese vorliegt. Durch die Beantwortung bzw. Reflektion durch die Fragen, ist man nach und nach in der Lage sich selbst helfen zu können. Zum Beispiel findet man durch diese Methode häufig eigene schädliche Verhaltensmuster heraus, die sich kontraproduktiv gegenüber der eigenen psychischen und physischen Gesundheit verhalten. Durch dieses Tagebuch erhält man dann die Chance sein Verhalten zu ändern und beim weiteren Ausfüllen gleich zu überprüfen ob die Veränderungen durchgehalten und/oder von Erfolg gekrönt sind.

Wie dieses Buch entstanden ist

Mein Name ist Doreen und ich lebe mit meinem Mann und meinem Hund auf einem kleinen Bauernhof in Thüringen. Nach meinem Studium der Philosophie (MA) und Psychologie (BA) schloss sich einige Jahre später ein Grundstudium der freien Kunst an. Seit 2013 bin ich freischaffende Künstlerin und verkaufe vorrangig auf Onlineplattformen meine Malerei.

Die Entstehung des Tagebuches basiert auf meinen eigenen, langjährigen Erfahrungen. Ich bin psychisch krank und leide unter anderem an einer chronischen Depression. Das Tagebuch habe ich ursprünglich für mich selbst entworfen, um einen Weg aus meinem, mit Depressionen behafteten, Alltag zu finden und zu sehen, was ich an mir selbst ändern kann, damit es mir besser geht. Und seit ich dieses Tagebuch fülle, gibt es Besserungen bei mir. Es hat mir gerade am Anfang sehr geholfen, meine Krankheit mit all seinen Gefühlen besser zu überblicken und zu sehen, wie ich am Tag mein Verhalten ändern kann, damit es mir besser geht. Ich habe mich beim Ausfüllen auch nicht schwer getan, da ich mir meine Fragen schon vorgegeben hatte. Ich hoffe, dass ich mit diesem Buch nicht nur mir helfen kann, sondern auch andere Menschen, die von einer Depression betroffen sind.

Ein neuer Tag beginnt........

Datum _____   Heute aufgestanden um _____Uhr
Wochentag _____   Eingeschlafen um   _____Uhr
                                Schlafdauer insgesamt _____h

So habe ich geschlafen: gut oder   schlecht, weil ich
- Alpträume   hatte
- Einschlafstörungen
- Durchschlaftstörungen
- Früherwachen

So fühle ich mich im Moment:

Energie ____ / 10   Anspannung ____ / 10   Grübelei ____/ 10
Freude ____ / 10   Traurigkeit ____ / 10   Angst   ____/ 10
Antrieb ____ / 10   Verzweiflung ____ / 10   Schmerzen ___/ 10

Ich bin stolz auf mich, weil

_____

_____

Bei diesen drei Dingen, habe ich das Gefühl, das ich sie jeden Tag
vor mir herschiebe:

1._____   Dringlichkeit ___/10
2._____   Dringlichkeit ___/10
3._____   Dringlichkeit ___/10

Nummer ... werde ich heute erledigen, weil es aus diesen Gründen besonders dringlich
ist:

_____

_____

Wenn ich das erledigt habe, gönne ich mir etwas Gutes, um mich zu belohnen:

_____

_____

Ich habe für heute folgende soziale Kontakte „geplant"

Am Telefon _____

In den sozialen Medien _____

In der „Realität"_____

Um diese Zeit werde ich einen Spaziergang an der frischen Luft unternehmen:
_____Uhr.

Welche drei Gefühle herrschen im Moment in mir vor:

1. _____ 2. _____ 3. _____

Warum fühle ich im Moment verstärkt:

Gefühl Nummer 1

_____

_____

_____

_____

Gefühl Nummer 2

_____

_____

_____

_____

Gefühl Nummer 3

_____

_____

_____

_____

Raum für Gedanken und Notizen

_____

_____

_____

_____

_____

_____

Es ist Abend, der Tag neigt sich dem Ende zu....

Das habe ich heute tatsächlich gemacht:

Erledigung des vorgenommenen To Do   ja/nein.
Wenn „Nein" was habe ich statt dessen erledigt?

_____

_____

An der frischen Luft gewesen   ja/nein
Wenn „Nein" warum nicht?

_____

_____H

abe ich heute etwas für die Pflege meines Körpers getan? ja/nein

Habe ich heute soziale Kontakte gehabt   ja/nein

Wenn es keine „realen" soziale Kontakte gab, warum nicht?

———

———

Bin ich heute einem meiner Hobbies nachgegangen   ja/nein

Wenn nein, wieso nicht? Wenn ja, welchem Hobby?

———

———

Das habe ich heute in der Wohnung aufgeräumt, auch wenn es vielleicht nur eine
Kleinigkeit war:

———

———

Habe ich heute etwas gemacht, bei dem ich lieber auf mich Acht gegeben hätte und
ich „Nein" sagen sollte?   ja/nein

Wenn ja, um was hat es sich gehandelt?

———

———

———

———

Wann ging es mir heute besonders gut und warum?

———

———

———

———

Freue ich mich morgen auf etwas Bestimmtes?   ja/nein
Wenn ja, dann auf was?

_____

Werde ich morgen etwas anders machen als heute?   ja/nein
Wenn ja, dann was?

_____

Mit diesen/m Ritual/en werde ich mich heute auf das Zubettgehen vorbereiten:
_____

Das werde ich dagegen unternehmen, wenn ich nicht einschlafen kann:
_____

So fühle ich mich im Moment:

Energie ____ / 10   Anspannung ____ / 10   Grübelei ____/ 10

Freude ____ / 10   Traurigkeit ____ / 10   Angst ____/ 10

Antrieb ____ / 10   Verzweiflung ____ / 10   Schmerzen____/ 10

Das hat mich heute gedanklich am meisten beschäftigt:

_____

_____

_____

_____

_____

...und diese Gedanken lasse ich jetzt an mir vorbeiziehen, weil ich auch morgen noch

darüber nachdenken kann.

Ich wünsche mir eine Gute Nacht und freue mich auf den nächsten Tag!

Ein neuer Tag beginnt........

Datum _____   Heute aufgestanden um _____Uhr

Wochentag _____   Eingeschlafen um   _____Uhr

                               Schlafdauer insgesamt _____h

So habe ich geschlafen: gut oder   schlecht, weil ich
- Alpträume   hatte
- Einschlafstörungen
- Durchschlafstörungen
- Früherwachen

So fühle ich mich im Moment:

Energie ___ / 10   Anspannung ___ / 10   Grübelei ___/ 10

Freude ___ / 10   Traurigkeit ___ / 10   Angst ___/ 10

Antrieb ___ / 10   Verzweiflung ___ / 10   Schmerzen ___/ 10

Ich bin stolz auf mich, weil

_____

_____

Bei diesen drei Dingen, habe ich das Gefühl, das ich sie jeden Tag vor mir herschiebe:

1._____ Dringlichkeit ___/10

2._____ Dringlichkeit ___/10

3._____ Dringlichkeit ___/10

Nummer ... werde ich heute erledigen, weil es aus diesen Gründen besonders dringlich ist:

_____

_____

Wenn ich das erledigt habe, gönne ich mir etwas Gutes, um mich zu belohnen:

_____

_____

Ich habe für heute folgende soziale Kontakte „geplant"

Am Telefon _____

In den sozialen Medien _____

In der „Realität"_____

Um diese Zeit werde ich einen Spaziergang an der frischen Luft unternehmen:
_____Uhr.

Welche drei Gefühle herrschen im Moment in mir vor:

1. _____ 2. _____ 3. _____

Warum fühle ich im Moment verstärkt:

Gefühl Nummer 1

_____

_____

_____

_____

Gefühl Nummer 2

_____

_____

_____

Gefühl Nummer 3

Raum für Gedanken und Notizen

Es ist Abend, der Tag neigt sich dem Ende zu....

Das habe ich heute tatsächlich gemacht:

Erledigung des vorgenommenen To Do   ja/nein.
Wenn „Nein" was habe ich statt dessen erledigt?

An der frischen Luft gewesen   ja/nein
Wenn „Nein" warum nicht?

---H

abe ich heute etwas für die Pflege meines Körpers getan? ja/nein

Habe ich heute soziale Kontakte gehabt   ja/nein

Wenn es keine „realen" soziale Kontakte gab, warum nicht?

_____

_____

Bin ich heute einem meiner Hobbies nachgegangen   ja/nein

Wenn nein, wieso nicht? Wenn ja, welchem Hobby?

_____

_____

Das habe ich heute in der Wohnung aufgeräumt, auch wenn es vielleicht nur eine

Kleinigkeit war:

_____

_____

Habe ich heute etwas gemacht, bei dem ich lieber auf mich Acht gegeben hätte und

ich „Nein" sagen sollte?   ja/nein

Wenn ja, um was hat es sich gehandelt?

_____

_____

_____

_____

Wann ging es mir heute besonders gut und warum?

_____

_____

_____

_____

Freue ich mich morgen auf etwas Bestimmtes?   ja/nein
Wenn ja, dann auf was?

_____

Werde ich morgen etwas anders machen als heute?   ja/nein
Wenn ja, dann was?

_____

Mit diesen/m Ritual/en werde ich mich heute auf das Zubettgehen vorbereiten:
_____

Das werde ich dagegen unternehmen, wenn ich nicht einschlafen kann:
_____

So fühle ich mich im Moment:

Energie ___ / 10   Anspannung ___ / 10   Grübelei ___/ 10
Freude ___ / 10   Traurigkeit ___ / 10   Angst ___/ 10
Antrieb ___ / 10   Verzweiflung ___ / 10   Schmerzen___/ 10

Das hat mich heute gedanklich am meisten beschäftigt:

_____

_____

_____

_____

_____

_____

...und diese Gedanken lasse ich jetzt an mir vorbeiziehen, weil ich auch morgen noch darüber nachdenken kann.

Ich wünsche mir eine Gute Nacht und freue mich auf den nächsten Tag!

Ein neuer Tag beginnt........

Datum _____   Heute aufgestanden um _____Uhr
Wochentag _____   Eingeschlafen um   _____Uhr
                                Schlafdauer insgesamt _____h

So habe ich geschlafen: gut oder   schlecht, weil ich
- Alpträume   hatte
- Einschlafstörungen
- Durchschlaftstörungen
- Früherwachen

So fühle ich mich im Moment:

Energie ___ / 10   Anspannung ___ / 10   Grübelei ___/ 10
Freude ___ / 10   Traurigkeit ___ / 10   Angst   ___/ 10
Antrieb ___ / 10   Verzweiflung ___ / 10 Schmerzen ___/ 10

Ich bin stolz auf mich, weil

_____

_____

Bei diesen drei Dingen, habe ich das Gefühl, das ich sie jeden Tag
vor mir herschiebe:
1._____   Dringlichkeit ___/10
2._____   Dringlichkeit ___/10
3._____   Dringlichkeit ___/10

Nummer ... werde ich heute erledigen, weil es aus diesen Gründen besonders dringlich
ist:

—————————————————————————————————

—————————————————————————————————

Wenn ich das erledigt habe, gönne ich mir etwas Gutes, um mich zu belohnen:

—————————————————————————————————

—————————————————————————————————

Ich habe für heute folgende soziale Kontakte „geplant"

Am Telefon _____

In den sozialen Medien _____

In der „Realität"_____

Um diese Zeit werde ich einen Spaziergang an der frischen Luft unternehmen:
_____Uhr.

Welche drei Gefühle herrschen im Moment in mir vor:

1. _____ 2. _____ 3. _____

Warum fühle ich im Moment verstärkt:

Gefühl Nummer 1

—————————————————————————————————

—————————————————————————————————

—————————————————————————————————

—————————————————————————————————

Gefühl Nummer 2

—————————————————————————————————

—————————————————————————————————

—————————————————————————————————

Gefühl Nummer 3

Raum für Gedanken und Notizen

Es ist Abend, der Tag neigt sich dem Ende zu....

Das habe ich heute tatsächlich gemacht:

Erledigung des vorgenommenen To Do   ja/nein.

Wenn „Nein" was habe ich statt dessen erledigt?

An der frischen Luft gewesen   ja/nein

Wenn „Nein" warum nicht?

---H

abe ich heute etwas für die Pflege meines Körpers getan? ja/nein

Habe ich heute soziale Kontakte gehabt   ja/nein

Wenn es keine „realen" soziale Kontakte gab, warum nicht?

_____

_____

Bin ich heute einem meiner Hobbies nachgegangen   ja/nein

Wenn nein, wieso nicht? Wenn ja, welchem Hobby?

_____

_____

Das habe ich heute in der Wohnung aufgeräumt, auch wenn es vielleicht nur eine Kleinigkeit war:

_____

_____

Habe ich heute etwas gemacht, bei dem ich lieber auf mich Acht gegeben hätte und ich „Nein" sagen sollte?   ja/nein

Wenn ja, um was hat es sich gehandelt?

_____

_____

_____

_____

Wann ging es mir heute besonders gut und warum?

_____

_____

_____

_____

Freue ich mich morgen auf etwas Bestimmtes?   ja/nein
Wenn ja, dann auf was?

_____

Werde ich morgen etwas anders machen als heute?   ja/nein
Wenn ja, dann was?

_____

Mit diesen/m Ritual/en werde ich mich heute auf das Zubettgehen vorbereiten:
_____

Das werde ich dagegen unternehmen, wenn ich nicht einschlafen kann:
_____

So fühle ich mich im Moment:

Energie ___ / 10   Anspannung ___ / 10   Grübelei ___ / 10

Freude ___ / 10   Traurigkeit ___ / 10   Angst ___ / 10

Antrieb ___ / 10   Verzweiflung ___ / 10   Schmerzen ___ / 10

Das hat mich heute gedanklich am meisten beschäftigt:
_____

_____

_____

_____

_____

_____

...und diese Gedanken lasse ich jetzt an mir vorbeiziehen, weil ich auch morgen noch
darüber nachdenken kann.
Ich wünsche mir eine Gute Nacht und freue mich auf den nächsten Tag!

Ein neuer Tag beginnt........

Datum _____   Heute aufgestanden um _____Uhr
Wochentag _____   Eingeschlafen um   _____Uhr
                                Schlafdauer insgesamt _____h

So habe ich geschlafen: gut oder   schlecht, weil ich
- Alpträume   hatte
- Einschlafstörungen
- Durchschlaftstörungen
- Früherwachen

So fühle ich mich im Moment:

Energie ___ / 10   Anspannung ___ / 10   Grübelei ___/ 10
Freude ___ / 10   Traurigkeit ___ / 10   Angst ___/ 10
Antrieb ___ / 10   Verzweiflung ___ / 10   Schmerzen ___/ 10

Ich bin stolz auf mich, weil

_____

_____

Bei diesen drei Dingen, habe ich das Gefühl, das ich sie jeden Tag
vor mir herschiebe:
1._____   Dringlichkeit ___/10
2._____   Dringlichkeit ___/10
3._____   Dringlichkeit ___/10

Nummer ... werde ich heute erledigen, weil es aus diesen Gründen besonders dringlich
ist:

_____

_____

Wenn ich das erledigt habe, gönne ich mir etwas Gutes, um mich zu belohnen:

_____

_____

Ich habe für heute folgende soziale Kontakte „geplant"

Am Telefon _____

In den sozialen Medien _____

In der „Realität"_____

Um diese Zeit werde ich einen Spaziergang an der frischen Luft unternehmen:
_____Uhr.

Welche drei Gefühle herrschen im Moment in mir vor:

1. _____ 2. _____ 3. _____

Warum fühle ich im Moment verstärkt:

Gefühl Nummer 1

_____

_____

_____

_____

Gefühl Nummer 2

_____

_____

_____

Gefühl Nummer 3

Raum für Gedanken und Notizen

Es ist Abend, der Tag neigt sich dem Ende zu....

Das habe ich heute tatsächlich gemacht:

Erledigung des vorgenommenen To Do   ja/nein.
Wenn „Nein" was habe ich statt dessen erledigt?

An der frischen Luft gewesen   ja/nein
Wenn „Nein" warum nicht?

_____H

abe ich heute etwas für die Pflege meines Körpers getan? ja/nein

Habe ich heute soziale Kontakte gehabt   ja/nein
Wenn es keine „realen" soziale Kontakte gab, warum nicht?

_____

_____

Bin ich heute einem meiner Hobbies nachgegangen   ja/nein
Wenn nein, wieso nicht? Wenn ja, welchem Hobby?

_____

_____

Das habe ich heute in der Wohnung aufgeräumt, auch wenn es vielleicht nur eine
Kleinigkeit war:

_____

_____

Habe ich heute etwas gemacht, bei dem ich lieber auf mich Acht gegeben hätte und
ich „Nein" sagen sollte?   ja/nein
Wenn ja, um was hat es sich gehandelt?

_____

_____

_____

_____

Wann ging es mir heute besonders gut und warum?

_____

_____

_____

Freue ich mich morgen auf etwas Bestimmtes?   ja/nein
Wenn ja, dann auf was?

_____

Werde ich morgen etwas anders machen als heute?   ja/nein
Wenn ja, dann was?

_____

Mit diesen/m Ritual/en werde ich mich heute auf das Zubettgehen vorbereiten:
_____

Das werde ich dagegen unternehmen, wenn ich nicht einschlafen kann:
_____

So fühle ich mich im Moment:

Energie ___ / 10   Anspannung ___ / 10   Grübelei ___ / 10

Freude ___ / 10   Traurigkeit ___ / 10   Angst ___ / 10

Antrieb ___ / 10   Verzweiflung ___ / 10   Schmerzen ___ / 10

Das hat mich heute gedanklich am meisten beschäftigt:

_____

_____

_____

_____

_____

_____

...und diese Gedanken lasse ich jetzt an mir vorbeiziehen, weil ich auch morgen noch
darüber nachdenken kann.

Ich wünsche mir eine Gute Nacht und freue mich auf den nächsten Tag!

Ein neuer Tag beginnt........

Datum _____   Heute aufgestanden um _____Uhr
Wochentag _____   Eingeschlafen um   _____Uhr
                               Schlafdauer insgesamt _____h

So habe ich geschlafen: gut oder   schlecht, weil ich
- Alpträume   hatte
- Einschlafstörungen
- Durchschlaftstörungen
- Früherwachen

So fühle ich mich im Moment:

Energie ___ / 10   Anspannung ___ / 10   Grübelei ___/ 10
Freude ___ / 10   Traurigkeit ___ / 10   Angst   ___/ 10
Antrieb ___ / 10   Verzweiflung ___ / 10   Schmerzen ___/ 10

Ich bin stolz auf mich, weil

_____

_____

Bei diesen drei Dingen, habe ich das Gefühl, das ich sie jeden Tag
vor mir herschiebe:

1._____   Dringlichkeit ___/10
2._____   Dringlichkeit ___/10
3._____   Dringlichkeit ___/10

Nummer ... werde ich heute erledigen, weil es aus diesen Gründen besonders dringlich
ist:

——————————————————————————————————————

——————————————————————————————————————

Wenn ich das erledigt habe, gönne ich mir etwas Gutes, um mich zu belohnen:

——————————————————————————————————————

——————————————————————————————————————

Ich habe für heute folgende soziale Kontakte „geplant"

Am Telefon _____

In den sozialen Medien _____

In der „Realität"_____

Um diese Zeit werde ich einen Spaziergang an der frischen Luft unternehmen:
_____Uhr.

Welche drei Gefühle herrschen im Moment in mir vor:

1. _____ 2. _____ 3. _____

Warum fühle ich im Moment verstärkt:

Gefühl Nummer 1

——————————————————————————————————————

——————————————————————————————————————

——————————————————————————————————————

——————————————————————————————————————

Gefühl Nummer 2

——————————————————————————————————————

——————————————————————————————————————

——————————————————————————————————————

_____

Gefühl Nummer 3
_____

_____

_____

_____

Raum für Gedanken und Notizen
_____

_____

_____

_____

_____

_____

Es ist Abend, der Tag neigt sich dem Ende zu....

Das habe ich heute tatsächlich gemacht:

Erledigung des vorgenommenen To Do   ja/nein.
Wenn „Nein" was habe ich statt dessen erledigt?
_____

_____

An der frischen Luft gewesen   ja/nein
Wenn „Nein" warum nicht?
_____

_____H

abe ich heute etwas für die Pflege meines Körpers getan? ja/nein

Habe ich heute soziale Kontakte gehabt   ja/nein

Wenn es keine „realen" soziale Kontakte gab, warum nicht?

_____

_____

Bin ich heute einem meiner Hobbies nachgegangen   ja/nein

Wenn nein, wieso nicht? Wenn ja, welchem Hobby?

_____

_____

Das habe ich heute in der Wohnung aufgeräumt, auch wenn es vielleicht nur eine Kleinigkeit war:

_____

_____

Habe ich heute etwas gemacht, bei dem ich lieber auf mich Acht gegeben hätte und ich „Nein" sagen sollte?   ja/nein

Wenn ja, um was hat es sich gehandelt?

_____

_____

_____

_____

Wann ging es mir heute besonders gut und warum?

_____

_____

_____

_____

Freue ich mich morgen auf etwas Bestimmtes?   ja/nein
Wenn ja, dann auf was?

_____

Werde ich morgen etwas anders machen als heute?   ja/nein
Wenn ja, dann was?

_____

Mit diesen/m Ritual/en werde ich mich heute auf das Zubettgehen vorbereiten:
_____

Das werde ich dagegen unternehmen, wenn ich nicht einschlafen kann:
_____

So fühle ich mich im Moment:

Energie ___ / 10   Anspannung ___ / 10   Grübelei ___/ 10

Freude ___ / 10   Traurigkeit ___ / 10   Angst ___/ 10

Antrieb ___ / 10   Verzweiflung ___ / 10   Schmerzen___/ 10

Das hat mich heute gedanklich am meisten beschäftigt:

_____

_____

_____

_____

_____

_____

...und diese Gedanken lasse ich jetzt an mir vorbeiziehen, weil ich auch morgen noch darüber nachdenken kann.

Ich wünsche mir eine Gute Nacht und freue mich auf den nächsten Tag!

Ein neuer Tag beginnt........

Datum _____   Heute aufgestanden um _____Uhr

Wochentag _____   Eingeschlafen um   _____Uhr

                               Schlafdauer insgesamt _____h

So habe ich geschlafen: gut oder   schlecht, weil ich
- Alpträume   hatte
- Einschlafstörungen
- Durchschlafstörungen
- Früherwachen

So fühle ich mich im Moment:

Energie ____ / 10   Anspannung ____ / 10   Grübelei ____/ 10

Freude ____ / 10   Traurigkeit ____ / 10   Angst ____/ 10

Antrieb ____ / 10   Verzweiflung ____ / 10 Schmerzen ___/ 10

Ich bin stolz auf mich, weil

_____

_____

Bei diesen drei Dingen, habe ich das Gefühl, das ich sie jeden Tag
vor mir herschiebe:

1._____   Dringlichkeit ___/10

2._____   Dringlichkeit ___/10

3._____   Dringlichkeit ___/10

Nummer ... werde ich heute erledigen, weil es aus diesen Gründen besonders dringlich
ist:

_____

_____

Wenn ich das erledigt habe, gönne ich mir etwas Gutes, um mich zu belohnen:

_____

_____

Ich habe für heute folgende soziale Kontakte „geplant"

Am Telefon _____

In den sozialen Medien _____

In der „Realität"_____

Um diese Zeit werde ich einen Spaziergang an der frischen Luft unternehmen:
_____Uhr.

Welche drei Gefühle herrschen im Moment in mir vor:

1. _____ 2. _____ 3. _____

Warum fühle ich im Moment verstärkt:

Gefühl Nummer 1

_____

_____

_____

_____

Gefühl Nummer 2

_____

_____

_____

Gefühl Nummer 3

_____

_____

_____

_____

Raum für Gedanken und Notizen

_____

_____

_____

_____

_____

_____

Es ist Abend, der Tag neigt sich dem Ende zu....

Das habe ich heute tatsächlich gemacht:

Erledigung des vorgenommenen To Do   ja/nein.

Wenn „Nein" was habe ich statt dessen erledigt?

_____

_____

An der frischen Luft gewesen   ja/nein

Wenn „Nein" warum nicht?

_____

_____H

abe ich heute etwas für die Pflege meines Körpers getan? ja/nein

Habe ich heute soziale Kontakte gehabt   ja/nein

Wenn es keine „realen" soziale Kontakte gab, warum nicht?

_____

_____

Bin ich heute einem meiner Hobbies nachgegangen   ja/nein

Wenn nein, wieso nicht? Wenn ja, welchem Hobby?

_____

_____

Das habe ich heute in der Wohnung aufgeräumt, auch wenn es vielleicht nur eine
Kleinigkeit war:

_____

_____

Habe ich heute etwas gemacht, bei dem ich lieber auf mich Acht gegeben hätte und
ich „Nein" sagen sollte?   ja/nein

Wenn ja, um was hat es sich gehandelt?

_____

_____

_____

_____

Wann ging es mir heute besonders gut und warum?

_____

_____

_____

_____

Freue ich mich morgen auf etwas Bestimmtes?   ja/nein
Wenn ja, dann auf was?

_____

Werde ich morgen etwas anders machen als heute?   ja/nein
Wenn ja, dann was?

_____

Mit diesen/m Ritual/en werde ich mich heute auf das Zubettgehen vorbereiten:
_____

Das werde ich dagegen unternehmen, wenn ich nicht einschlafen kann:
_____

So fühle ich mich im Moment:

Energie ___ / 10   Anspannung ___ / 10   Grübelei ___/ 10

Freude ___ / 10   Traurigkeit ___ / 10   Angst   ___/ 10

Antrieb ___ / 10   Verzweiflung ___ / 10   Schmerzen___/ 10

Das hat mich heute gedanklich am meisten beschäftigt:

_____

_____

_____

_____

_____

_____

...und diese Gedanken lasse ich jetzt an mir vorbeiziehen, weil ich auch morgen noch

darüber nachdenken kann.

Ich wünsche mir eine Gute Nacht und freue mich auf den nächsten Tag!

Ein neuer Tag beginnt........

Datum _____   Heute aufgestanden um _____Uhr

Wochentag _____   Eingeschlafen um   _____Uhr

                                Schlafdauer insgesamt _____h

So habe ich geschlafen: gut oder   schlecht, weil ich
- Alpträume   hatte
- Einschlafstörungen
- Durchschlaftstörungen
- Früherwachen

So fühle ich mich im Moment:

Energie ___ / 10   Anspannung ___ / 10   Grübelei ___ / 10

Freude ___ / 10   Traurigkeit ___ / 10   Angst   ___ / 10

Antrieb ___ / 10   Verzweiflung ___ / 10   Schmerzen ___ / 10

Ich bin stolz auf mich, weil

_____

_____

Bei diesen drei Dingen, habe ich das Gefühl, das ich sie jeden Tag
vor mir herschiebe:

1._____   Dringlichkeit ___/10

2._____   Dringlichkeit ___/10

3._____   Dringlichkeit ___/10

Nummer ... werde ich heute erledigen, weil es aus diesen Gründen besonders dringlich
ist:

_____

_____

Wenn ich das erledigt habe, gönne ich mir etwas Gutes, um mich zu belohnen:

_____

_____

Ich habe für heute folgende soziale Kontakte „geplant"

Am Telefon _____

In den sozialen Medien _____

In der „Realität"_____

Um diese Zeit werde ich einen Spaziergang an der frischen Luft unternehmen:
_____Uhr.

Welche drei Gefühle herrschen im Moment in mir vor:

1. _____ 2. _____ 3. _____

Warum fühle ich im Moment verstärkt:

Gefühl Nummer 1

_____

_____

_____

_____

Gefühl Nummer 2

_____

_____

_____

Gefühl Nummer 3

Raum für Gedanken und Notizen

Es ist Abend, der Tag neigt sich dem Ende zu....

Das habe ich heute tatsächlich gemacht:

Erledigung des vorgenommenen To Do   ja/nein.
Wenn „Nein" was habe ich statt dessen erledigt?

An der frischen Luft gewesen   ja/nein
Wenn „Nein" warum nicht?

---H

abe ich heute etwas für die Pflege meines Körpers getan? ja/nein

Habe ich heute soziale Kontakte gehabt   ja/nein
Wenn es keine „realen" soziale Kontakte gab, warum nicht?

_____

_____

Bin ich heute einem meiner Hobbies nachgegangen   ja/nein
Wenn nein, wieso nicht? Wenn ja, welchem Hobby?

_____

_____

Das habe ich heute in der Wohnung aufgeräumt, auch wenn es vielleicht nur eine
Kleinigkeit war:

_____

_____

Habe ich heute etwas gemacht, bei dem ich lieber auf mich Acht gegeben hätte und
ich „Nein" sagen sollte?   ja/nein
Wenn ja, um was hat es sich gehandelt?

_____

_____

_____

_____

Wann ging es mir heute besonders gut und warum?

_____

_____

_____

_____

Freue ich mich morgen auf etwas Bestimmtes?   ja/nein
Wenn ja, dann auf was?

_____

Werde ich morgen etwas anders machen als heute?   ja/nein
Wenn ja, dann was?

_____

Mit diesen/m Ritual/en werde ich mich heute auf das Zubettgehen vorbereiten:
_____

Das werde ich dagegen unternehmen, wenn ich nicht einschlafen kann:
_____

So fühle ich mich im Moment:

Energie ____ / 10   Anspannung ____ / 10   Grübelei ____/ 10

Freude ____ / 10   Traurigkeit ____ / 10   Angst ____/ 10

Antrieb ____ / 10   Verzweiflung ____ / 10   Schmerzen____/ 10

Das hat mich heute gedanklich am meisten beschäftigt:

_____

_____

_____

_____

_____

_____

...und diese Gedanken lasse ich jetzt an mir vorbeiziehen, weil ich auch morgen noch
darüber nachdenken kann.

Ich wünsche mir eine Gute Nacht und freue mich auf den nächsten Tag!

Ein neuer Tag beginnt........

Datum _____   Heute aufgestanden um _____Uhr

Wochentag _____   Eingeschlafen um   _____Uhr

                                Schlafdauer insgesamt _____h

So habe ich geschlafen: gut oder   schlecht, weil ich
- Alpträume   hatte
- Einschlafstörungen
- Durchschlaftstörungen
- Früherwachen

So fühle ich mich im Moment:

Energie ____ / 10   Anspannung ____ / 10   Grübelei ____/ 10

Freude ____ / 10   Traurigkeit ____ / 10   Angst ____/ 10

Antrieb ____ / 10   Verzweiflung ____ / 10   Schmerzen ___/ 10

Ich bin stolz auf mich, weil

_____

_____

Bei diesen drei Dingen, habe ich das Gefühl, das ich sie jeden Tag vor mir herschiebe:

1._____   Dringlichkeit ____/10

2._____   Dringlichkeit ____/10

3._____   Dringlichkeit ____/10

Nummer ... werde ich heute erledigen, weil es aus diesen Gründen besonders dringlich ist:

_____

_____

Wenn ich das erledigt habe, gönne ich mir etwas Gutes, um mich zu belohnen:

_____

Ich habe für heute folgende soziale Kontakte „geplant"
Am Telefon _____
In den sozialen Medien _____
In der „Realität"_____

Um diese Zeit werde ich einen Spaziergang an der frischen Luft unternehmen:
_____Uhr.

Welche drei Gefühle herrschen im Moment in mir vor:

1. _____ 2. _____ 3. _____

Warum fühle ich im Moment verstärkt:
Gefühl Nummer 1

_____

_____

_____

_____

Gefühl Nummer 2

_____

_____

_____

Gefühl Nummer 3

Raum für Gedanken und Notizen

Es ist Abend, der Tag neigt sich dem Ende zu....

Das habe ich heute tatsächlich gemacht:

Erledigung des vorgenommenen To Do   ja/nein.
Wenn „Nein" was habe ich statt dessen erledigt?

An der frischen Luft gewesen   ja/nein
Wenn „Nein" warum nicht?

---H

abe ich heute etwas für die Pflege meines Körpers getan? ja/nein

Habe ich heute soziale Kontakte gehabt   ja/nein

Wenn es keine „realen" soziale Kontakte gab, warum nicht?

_____

_____

Bin ich heute einem meiner Hobbies nachgegangen   ja/nein

Wenn nein, wieso nicht? Wenn ja, welchem Hobby?

_____

_____

Das habe ich heute in der Wohnung aufgeräumt, auch wenn es vielleicht nur eine

Kleinigkeit war:

_____

_____

Habe ich heute etwas gemacht, bei dem ich lieber auf mich Acht gegeben hätte und

ich „Nein" sagen sollte?   ja/nein

Wenn ja, um was hat es sich gehandelt?

_____

_____

_____

_____

Wann ging es mir heute besonders gut und warum?

_____

_____

_____

_____

Freue ich mich morgen auf etwas Bestimmtes?   ja/nein
Wenn ja, dann auf was?

_____

Werde ich morgen etwas anders machen als heute?   ja/nein
Wenn ja, dann was?

_____

Mit diesen/m Ritual/en werde ich mich heute auf das Zubettgehen vorbereiten:
_____

Das werde ich dagegen unternehmen, wenn ich nicht einschlafen kann:
_____

So fühle ich mich im Moment:

Energie ___ / 10   Anspannung ___ / 10   Grübelei ___/ 10
Freude ___ / 10   Traurigkeit ___ / 10   Angst ___/ 10
Antrieb ___ / 10   Verzweiflung ___ / 10   Schmerzen___/ 10

Das hat mich heute gedanklich am meisten beschäftigt:

_____

_____

_____

_____

_____

_____

...und diese Gedanken lasse ich jetzt an mir vorbeiziehen, weil ich auch morgen noch
darüber nachdenken kann.
Ich wünsche mir eine Gute Nacht und freue mich auf den nächsten Tag!

Ein neuer Tag beginnt........

Datum _____   Heute aufgestanden um _____Uhr
Wochentag _____   Eingeschlafen um   _____Uhr
                             Schlafdauer insgesamt _____h

So habe ich geschlafen: gut oder   schlecht, weil ich
- Alpträume   hatte
- Einschlafstörungen
- Durchschlaftstörungen
- Früherwachen

So fühle ich mich im Moment:

Energie ___ / 10   Anspannung ___ / 10   Grübelei ___/ 10
Freude ___ / 10   Traurigkeit ___ / 10   Angst ___/ 10
Antrieb ___ / 10   Verzweiflung ___ / 10   Schmerzen ___/ 10

Ich bin stolz auf mich, weil

_____

_____

Bei diesen drei Dingen, habe ich das Gefühl, das ich sie jeden Tag
vor mir herschiebe:

1._____   Dringlichkeit ___/10
2._____   Dringlichkeit ___/10
3._____   Dringlichkeit ___/10

Nummer ... werde ich heute erledigen, weil es aus diesen Gründen besonders dringlich
ist:

_____

_____

Wenn ich das erledigt habe, gönne ich mir etwas Gutes, um mich zu belohnen:

_____

_____

Ich habe für heute folgende soziale Kontakte „geplant"

Am Telefon _____

In den sozialen Medien _____

In der „Realität"_____

Um diese Zeit werde ich einen Spaziergang an der frischen Luft unternehmen:
_____Uhr.

Welche drei Gefühle herrschen im Moment in mir vor:

1. _____ 2. _____ 3. _____

Warum fühle ich im Moment verstärkt:

Gefühl Nummer 1

_____

_____

_____

_____

Gefühl Nummer 2

_____

_____

_____

Gefühl Nummer 3

Raum für Gedanken und Notizen

Es ist Abend, der Tag neigt sich dem Ende zu....

Das habe ich heute tatsächlich gemacht:

Erledigung des vorgenommenen To Do   ja/nein.
Wenn „Nein" was habe ich statt dessen erledigt?

An der frischen Luft gewesen   ja/nein
Wenn „Nein" warum nicht?

---H

abe ich heute etwas für die Pflege meines Körpers getan? ja/nein

Habe ich heute soziale Kontakte gehabt   ja/nein

Wenn es keine „realen" soziale Kontakte gab, warum nicht?

_____

_____

Bin ich heute einem meiner Hobbies nachgegangen   ja/nein

Wenn nein, wieso nicht? Wenn ja, welchem Hobby?

_____

_____

Das habe ich heute in der Wohnung aufgeräumt, auch wenn es vielleicht nur eine Kleinigkeit war:

_____

_____

Habe ich heute etwas gemacht, bei dem ich lieber auf mich Acht gegeben hätte und ich „Nein" sagen sollte?   ja/nein

Wenn ja, um was hat es sich gehandelt?

_____

_____

_____

_____

Wann ging es mir heute besonders gut und warum?

_____

_____

_____

Freue ich mich morgen auf etwas Bestimmtes? ja/nein
Wenn ja, dann auf was?

_____

Werde ich morgen etwas anders machen als heute? ja/nein
Wenn ja, dann was?

_____

Mit diesen/m Ritual/en werde ich mich heute auf das Zubettgehen vorbereiten:
_____

Das werde ich dagegen unternehmen, wenn ich nicht einschlafen kann:
_____

So fühle ich mich im Moment:

Energie ___ / 10   Anspannung ___ / 10   Grübelei ___/ 10

Freude ___ / 10   Traurigkeit ___ / 10   Angst ___/ 10

Antrieb ___ / 10   Verzweiflung ___ / 10   Schmerzen___/ 10

Das hat mich heute gedanklich am meisten beschäftigt:

_____

_____

_____

_____

_____

_____

...und diese Gedanken lasse ich jetzt an mir vorbeiziehen, weil ich auch morgen noch darüber nachdenken kann.

Ich wünsche mir eine Gute Nacht und freue mich auf den nächsten Tag!

Ein neuer Tag beginnt........

Datum _____   Heute aufgestanden um _____Uhr
Wochentag _____   Eingeschlafen um   _____Uhr
                          Schlafdauer insgesamt _____h

So habe ich geschlafen: gut oder   schlecht, weil ich
- Alpträume   hatte
- Einschlafstörungen
- Durchschlafstörungen
- Früherwachen

So fühle ich mich im Moment:

Energie ___ / 10   Anspannung ___ / 10   Grübelei ___/ 10
Freude ___ / 10   Traurigkeit ___ / 10   Angst   ___/ 10
Antrieb ___ / 10   Verzweiflung ___ / 10   Schmerzen ___/ 10

Ich bin stolz auf mich, weil

_____

_____

Bei diesen drei Dingen, habe ich das Gefühl, das ich sie jeden Tag
vor mir herschiebe:

1._____   Dringlichkeit ___/10
2._____   Dringlichkeit ___/10
3._____   Dringlichkeit ___/10

Nummer ... werde ich heute erledigen, weil es aus diesen Gründen besonders dringlich
ist:

_____

_____

Wenn ich das erledigt habe, gönne ich mir etwas Gutes, um mich zu belohnen:

_____

_____

Ich habe für heute folgende soziale Kontakte „geplant"

Am Telefon _____

In den sozialen Medien _____

In der „Realität"_____

Um diese Zeit werde ich einen Spaziergang an der frischen Luft unternehmen:
_____Uhr.

Welche drei Gefühle herrschen im Moment in mir vor:

1. _____ 2. _____ 3. _____

Warum fühle ich im Moment verstärkt:

Gefühl Nummer 1

_____

_____

_____

_____

Gefühl Nummer 2

_____

_____

_____

Gefühl Nummer 3

Raum für Gedanken und Notizen

Es ist Abend, der Tag neigt sich dem Ende zu....

Das habe ich heute tatsächlich gemacht:

Erledigung des vorgenommenen To Do   ja/nein.
Wenn „Nein" was habe ich statt dessen erledigt?

An der frischen Luft gewesen   ja/nein
Wenn „Nein" warum nicht?

---H

abe ich heute etwas für die Pflege meines Körpers getan? ja/nein

Habe ich heute soziale Kontakte gehabt   ja/nein

Wenn es keine „realen" soziale Kontakte gab, warum nicht?

_____

_____

Bin ich heute einem meiner Hobbies nachgegangen   ja/nein

Wenn nein, wieso nicht? Wenn ja, welchem Hobby?

_____

_____

Das habe ich heute in der Wohnung aufgeräumt, auch wenn es vielleicht nur eine

Kleinigkeit war:

_____

_____

Habe ich heute etwas gemacht, bei dem ich lieber auf mich Acht gegeben hätte und

ich „Nein" sagen sollte?   ja/nein

Wenn ja, um was hat es sich gehandelt?

_____

_____

_____

_____

Wann ging es mir heute besonders gut und warum?

_____

_____

_____

_____

Freue ich mich morgen auf etwas Bestimmtes?　　　　　ja/nein
Wenn ja, dann auf was?

_____

Werde ich morgen etwas anders machen als heute?　　　ja/nein
Wenn ja, dann was?

_____

Mit diesen/m Ritual/en werde ich mich heute auf das Zubettgehen vorbereiten:
_____

Das werde ich dagegen unternehmen, wenn ich nicht einschlafen kann:
_____

So fühle ich mich im Moment:

Energie ___ / 10　　　Anspannung ___ / 10　　　Grübelei ___/ 10

Freude ___ / 10　　　Traurigkeit ___ / 10　　　Angst ___/ 10

Antrieb ___ / 10　　　Verzweiflung ___ / 10　　　Schmerzen___/ 10

Das hat mich heute gedanklich am meisten beschäftigt:

_____

_____

_____

_____

_____

_____

...und diese Gedanken lasse ich jetzt an mir vorbeiziehen, weil ich auch morgen noch darüber nachdenken kann.

Ich wünsche mir eine Gute Nacht und freue mich auf den nächsten Tag!

Ein neuer Tag beginnt........

Datum _____   Heute aufgestanden um _____Uhr
Wochentag _____   Eingeschlafen um   _____Uhr
                               Schlafdauer insgesamt _____h

So habe ich geschlafen: gut oder   schlecht, weil ich
- Alpträume   hatte
- Einschlafstörungen
- Durchschlaftstörungen
- Früherwachen

So fühle ich mich im Moment:

Energie ___ / 10   Anspannung ___ / 10   Grübelei ___ / 10

Freude ___ / 10   Traurigkeit ___ / 10   Angst ___ / 10

Antrieb ___ / 10   Verzweiflung ___ / 10   Schmerzen ___ / 10

Ich bin stolz auf mich, weil

_____

_____

Bei diesen drei Dingen, habe ich das Gefühl, das ich sie jeden Tag vor mir herschiebe:

1._____   Dringlichkeit ___/10

2._____   Dringlichkeit ___/10

3._____   Dringlichkeit ___/10

Nummer ... werde ich heute erledigen, weil es aus diesen Gründen besonders dringlich ist:

———————————————————————————————————

———————————————————————————————————

Wenn ich das erledigt habe, gönne ich mir etwas Gutes, um mich zu belohnen:

———————————————————————————————————

———————————————————————————————————

Ich habe für heute folgende soziale Kontakte „geplant"

Am Telefon ——————————————————————————

In den sozialen Medien ——————————————————

In der „Realität"—————————————————————————

Um diese Zeit werde ich einen Spaziergang an der frischen Luft unternehmen:
————Uhr.

Welche drei Gefühle herrschen im Moment in mir vor:

1. —————————— 2. —————————— 3. ——————————

Warum fühle ich im Moment verstärkt:

Gefühl Nummer 1

———————————————————————————————————

———————————————————————————————————

———————————————————————————————————

———————————————————————————————————

Gefühl Nummer 2

———————————————————————————————————

———————————————————————————————————

———————————————————————————————————

_____

Gefühl Nummer 3
_____

_____

_____

_____

Raum für Gedanken und Notizen
_____

_____

_____

_____

_____

_____

Es ist Abend, der Tag neigt sich dem Ende zu....

Das habe ich heute tatsächlich gemacht:

Erledigung des vorgenommenen To Do   ja/nein.
Wenn „Nein" was habe ich statt dessen erledigt?
_____

_____

An der frischen Luft gewesen   ja/nein
Wenn „Nein" warum nicht?
_____

_____H

abe ich heute etwas für die Pflege meines Körpers getan? ja/nein

Habe ich heute soziale Kontakte gehabt   ja/nein

Wenn es keine „realen" soziale Kontakte gab, warum nicht?

_____

_____

Bin ich heute einem meiner Hobbies nachgegangen   ja/nein

Wenn nein, wieso nicht? Wenn ja, welchem Hobby?

_____

_____

Das habe ich heute in der Wohnung aufgeräumt, auch wenn es vielleicht nur eine
Kleinigkeit war:

_____

_____

Habe ich heute etwas gemacht, bei dem ich lieber auf mich Acht gegeben hätte und
ich „Nein" sagen sollte?   ja/nein

Wenn ja, um was hat es sich gehandelt?

_____

_____

_____

_____

Wann ging es mir heute besonders gut und warum?

_____

_____

_____

_____

Freue ich mich morgen auf etwas Bestimmtes?　　　　ja/nein
Wenn ja, dann auf was?

_____

Werde ich morgen etwas anders machen als heute?　　　ja/nein
Wenn ja, dann was?

_____

Mit diesen/m Ritual/en werde ich mich heute auf das Zubettgehen vorbereiten:
_____

Das werde ich dagegen unternehmen, wenn ich nicht einschlafen kann:
_____

So fühle ich mich im Moment:

Energie ____ / 10　　Anspannung ____ / 10　　Grübelei ____/ 10

Freude ____ / 10　　Traurigkeit ____ / 10　　Angst ____/ 10

Antrieb ____ / 10　　Verzweiflung ____ / 10　　Schmerzen____/ 10

Das hat mich heute gedanklich am meisten beschäftigt:

_____

_____

_____

_____

_____

_____

…und diese Gedanken lasse ich jetzt an mir vorbeiziehen, weil ich auch morgen noch darüber nachdenken kann.

Ich wünsche mir eine Gute Nacht und freue mich auf den nächsten Tag!

Ein neuer Tag beginnt........

Datum _____   Heute aufgestanden um _____Uhr

Wochentag _____   Eingeschlafen um   _____Uhr

                               Schlafdauer insgesamt _____h

So habe ich geschlafen: gut oder   schlecht, weil ich
- Alpträume   hatte
- Einschlafstörungen
- Durchschlaftstörungen
- Früherwachen

So fühle ich mich im Moment:

Energie ___ / 10   Anspannung ___ / 10   Grübelei ___/ 10

Freude ___ / 10   Traurigkeit ___ / 10   Angst   ___/ 10

Antrieb ___ / 10   Verzweiflung ___ / 10   Schmerzen ___/ 10

Ich bin stolz auf mich, weil

_____

_____

Bei diesen drei Dingen, habe ich das Gefühl, das ich sie jeden Tag vor mir herschiebe:

1._____   Dringlichkeit ___/10

2._____   Dringlichkeit ___/10

3._____   Dringlichkeit ___/10

Nummer ... werde ich heute erledigen, weil es aus diesen Gründen besonders dringlich ist:

_____

_____

Wenn ich das erledigt habe, gönne ich mir etwas Gutes, um mich zu belohnen:

_____

_____

Ich habe für heute folgende soziale Kontakte „geplant"
Am Telefon _____
In den sozialen Medien _____
In der „Realität" _____

Um diese Zeit werde ich einen Spaziergang an der frischen Luft unternehmen:
_____Uhr.

Welche drei Gefühle herrschen im Moment in mir vor:

1. _____ 2. _____ 3. _____

Warum fühle ich im Moment verstärkt:
Gefühl Nummer 1

_____

_____

_____

_____

Gefühl Nummer 2

_____

_____

_____

Gefühl Nummer 3

Raum für Gedanken und Notizen

Es ist Abend, der Tag neigt sich dem Ende zu....

Das habe ich heute tatsächlich gemacht:

Erledigung des vorgenommenen To Do   ja/nein.
Wenn „Nein" was habe ich statt dessen erledigt?

An der frischen Luft gewesen   ja/nein
Wenn „Nein" warum nicht?

---H

abe ich heute etwas für die Pflege meines Körpers getan? ja/nein

Habe ich heute soziale Kontakte gehabt   ja/nein

Wenn es keine „realen" soziale Kontakte gab, warum nicht?

_____

_____

Bin ich heute einem meiner Hobbies nachgegangen   ja/nein

Wenn nein, wieso nicht? Wenn ja, welchem Hobby?

_____

_____

Das habe ich heute in der Wohnung aufgeräumt, auch wenn es vielleicht nur eine Kleinigkeit war:

_____

_____

Habe ich heute etwas gemacht, bei dem ich lieber auf mich Acht gegeben hätte und ich „Nein" sagen sollte?   ja/nein

Wenn ja, um was hat es sich gehandelt?

_____

_____

_____

_____

Wann ging es mir heute besonders gut und warum?

_____

_____

_____

Freue ich mich morgen auf etwas Bestimmtes?   ja/nein
Wenn ja, dann auf was?

_____

Werde ich morgen etwas anders machen als heute?   ja/nein
Wenn ja, dann was?

_____

Mit diesen/m Ritual/en werde ich mich heute auf das Zubettgehen vorbereiten:
_____

Das werde ich dagegen unternehmen, wenn ich nicht einschlafen kann:
_____

So fühle ich mich im Moment:

Energie ___ / 10   Anspannung ___ / 10   Grübelei ___/ 10

Freude ___ / 10   Traurigkeit ___ / 10   Angst ___/ 10

Antrieb ___ / 10   Verzweiflung ___ / 10   Schmerzen___/ 10

Das hat mich heute gedanklich am meisten beschäftigt:
_____

_____

_____

_____

_____

_____

…und diese Gedanken lasse ich jetzt an mir vorbeiziehen, weil ich auch morgen noch
darüber nachdenken kann.

Ich wünsche mir eine Gute Nacht und freue mich auf den nächsten Tag!

Ein neuer Tag beginnt........

Datum _____   Heute aufgestanden um _____Uhr
Wochentag _____   Eingeschlafen um   _____Uhr
                          Schlafdauer insgesamt _____h

So habe ich geschlafen: gut oder   schlecht, weil ich
- Alpträume   hatte
- Einschlafstörungen
- Durchschlaftstörungen
- Früherwachen

So fühle ich mich im Moment:

Energie ___ / 10   Anspannung   ___ / 10   Grübelei ___/ 10
Freude ___ / 10   Traurigkeit ___ / 10   Angst   ___/ 10
Antrieb ___ / 10   Verzweiflung ___ / 10   Schmerzen ___/ 10

Ich bin stolz auf mich, weil

_____

_____

Bei diesen drei Dingen, habe ich das Gefühl, das ich sie jeden Tag
vor mir herschiebe:
1._____   Dringlichkeit ___/10
2._____   Dringlichkeit ___/10
3._____   Dringlichkeit ___/10

Nummer ... werde ich heute erledigen, weil es aus diesen Gründen besonders dringlich
ist:

_____

_____

Wenn ich das erledigt habe, gönne ich mir etwas Gutes, um mich zu belohnen:

_____

_____

Ich habe für heute folgende soziale Kontakte „geplant"

Am Telefon _____

In den sozialen Medien _____

In der „Realität"_____

Um diese Zeit werde ich einen Spaziergang an der frischen Luft unternehmen:
_____Uhr.

Welche drei Gefühle herrschen im Moment in mir vor:

1. _____ 2. _____ 3. _____

Warum fühle ich im Moment verstärkt:

Gefühl Nummer 1

_____

_____

_____

_____

Gefühl Nummer 2

_____

_____

_____

_____

Gefühl Nummer 3

_____

_____

_____

_____

Raum für Gedanken und Notizen

_____

_____

_____

_____

_____

_____

Es ist Abend, der Tag neigt sich dem Ende zu....

Das habe ich heute tatsächlich gemacht:

Erledigung des vorgenommenen To Do   ja/nein.

Wenn „Nein" was habe ich statt dessen erledigt?

_____

_____

An der frischen Luft gewesen   ja/nein

Wenn „Nein" warum nicht?

_____

_____H

abe ich heute etwas für die Pflege meines Körpers getan? ja/nein

Habe ich heute soziale Kontakte gehabt   ja/nein
Wenn es keine „realen" soziale Kontakte gab, warum nicht?

_____

_____

Bin ich heute einem meiner Hobbies nachgegangen   ja/nein
Wenn nein, wieso nicht? Wenn ja, welchem Hobby?

_____

_____

Das habe ich heute in der Wohnung aufgeräumt, auch wenn es vielleicht nur eine
Kleinigkeit war:

_____

_____

Habe ich heute etwas gemacht, bei dem ich lieber auf mich Acht gegeben hätte und
ich „Nein" sagen sollte?   ja/nein
Wenn ja, um was hat es sich gehandelt?

_____

_____

_____

_____

Wann ging es mir heute besonders gut und warum?

_____

_____

_____

_____

Freue ich mich morgen auf etwas Bestimmtes? ja/nein
Wenn ja, dann auf was?

_____

Werde ich morgen etwas anders machen als heute? ja/nein
Wenn ja, dann was?

_____

Mit diesen/m Ritual/en werde ich mich heute auf das Zubettgehen vorbereiten:
_____

Das werde ich dagegen unternehmen, wenn ich nicht einschlafen kann:
_____

So fühle ich mich im Moment:

Energie ___ / 10   Anspannung ___ / 10   Grübelei ___/ 10

Freude ___ / 10   Traurigkeit ___ / 10   Angst ___/ 10

Antrieb ___ / 10   Verzweiflung ___ / 10   Schmerzen___/ 10

Das hat mich heute gedanklich am meisten beschäftigt:

_____

_____

_____

_____

_____

_____

...und diese Gedanken lasse ich jetzt an mir vorbeiziehen, weil ich auch morgen noch darüber nachdenken kann.

Ich wünsche mir eine Gute Nacht und freue mich auf den nächsten Tag!

Ein neuer Tag beginnt........

Datum _____   Heute aufgestanden um _____Uhr

Wochentag _____   Eingeschlafen um   _____Uhr

                            Schlafdauer insgesamt _____h

So habe ich geschlafen: gut oder   schlecht, weil ich
- Alpträume   hatte
- Einschlafstörungen
- Durchschlaftstörungen
- Früherwachen

So fühle ich mich im Moment:

Energie ___ / 10   Anspannung ___ / 10   Grübelei ___/ 10

Freude ___ / 10   Traurigkeit ___ / 10   Angst ___/ 10

Antrieb ___ / 10   Verzweiflung ___ / 10   Schmerzen ___/ 10

Ich bin stolz auf mich, weil

_____

_____

Bei diesen drei Dingen, habe ich das Gefühl, das ich sie jeden Tag vor mir herschiebe:

1._____   Dringlichkeit ___/10

2._____   Dringlichkeit ___/10

3._____   Dringlichkeit ___/10

Nummer ... werde ich heute erledigen, weil es aus diesen Gründen besonders dringlich ist:

_____

_____

Wenn ich das erledigt habe, gönne ich mir etwas Gutes, um mich zu belohnen:

_____

_____

Ich habe für heute folgende soziale Kontakte „geplant"

Am Telefon _____

In den sozialen Medien _____

In der „Realität"_____

Um diese Zeit werde ich einen Spaziergang an der frischen Luft unternehmen:
_____Uhr.

Welche drei Gefühle herrschen im Moment in mir vor:

1. _____ 2. _____ 3. _____

Warum fühle ich im Moment verstärkt:

Gefühl Nummer 1

_____

_____

_____

_____

Gefühl Nummer 2

_____

_____

_____

Gefühl Nummer 3

Raum für Gedanken und Notizen

Es ist Abend, der Tag neigt sich dem Ende zu....

Das habe ich heute tatsächlich gemacht:

Erledigung des vorgenommenen To Do   ja/nein.

Wenn „Nein" was habe ich statt dessen erledigt?

An der frischen Luft gewesen   ja/nein

Wenn „Nein" warum nicht?

---H

abe ich heute etwas für die Pflege meines Körpers getan? ja/nein

Habe ich heute soziale Kontakte gehabt   ja/nein

Wenn es keine „realen" soziale Kontakte gab, warum nicht?

_____

_____

Bin ich heute einem meiner Hobbies nachgegangen   ja/nein

Wenn nein, wieso nicht? Wenn ja, welchem Hobby?

_____

_____

Das habe ich heute in der Wohnung aufgeräumt, auch wenn es vielleicht nur eine Kleinigkeit war:

_____

_____

Habe ich heute etwas gemacht, bei dem ich lieber auf mich Acht gegeben hätte und ich „Nein" sagen sollte?   ja/nein

Wenn ja, um was hat es sich gehandelt?

_____

_____

_____

_____

Wann ging es mir heute besonders gut und warum?

_____

_____

_____

_____

Freue ich mich morgen auf etwas Bestimmtes?   ja/nein
Wenn ja, dann auf was?

_____

Werde ich morgen etwas anders machen als heute?   ja/nein
Wenn ja, dann was?

_____

Mit diesen/m Ritual/en werde ich mich heute auf das Zubettgehen vorbereiten:
_____

Das werde ich dagegen unternehmen, wenn ich nicht einschlafen kann:
_____

So fühle ich mich im Moment:

Energie ___ / 10   Anspannung ___ / 10   Grübelei ___/ 10

Freude ___ / 10   Traurigkeit ___ / 10   Angst   ___/ 10

Antrieb ___ / 10   Verzweiflung ___ / 10   Schmerzen___/ 10

Das hat mich heute gedanklich am meisten beschäftigt:

_____

_____

_____

_____

_____

_____

…und diese Gedanken lasse ich jetzt an mir vorbeiziehen, weil ich auch morgen noch
darüber nachdenken kann.
Ich wünsche mir eine Gute Nacht und freue mich auf den nächsten Tag!

Ein neuer Tag beginnt........

Datum _____   Heute aufgestanden um _____Uhr

Wochentag _____   Eingeschlafen um   _____Uhr

                                Schlafdauer insgesamt _____h

So habe ich geschlafen: gut oder   schlecht, weil ich
- Alpträume   hatte
- Einschlafstörungen
- Durchschlafstörungen
- Früherwachen

So fühle ich mich im Moment:

Energie ___ / 10   Anspannung   ___ / 10   Grübelei ___/ 10

Freude ___ / 10   Traurigkeit   ___ / 10   Angst   ___/ 10

Antrieb ___ / 10   Verzweiflung ___ / 10   Schmerzen ___/ 10

Ich bin stolz auf mich, weil

_____

_____

Bei diesen drei Dingen, habe ich das Gefühl, das ich sie jeden Tag
vor mir herschiebe:

1._____   Dringlichkeit ___/10

2._____   Dringlichkeit ___/10

3._____   Dringlichkeit ___/10

Nummer ... werde ich heute erledigen, weil es aus diesen Gründen besonders dringlich
ist:

_____

_____

Wenn ich das erledigt habe, gönne ich mir etwas Gutes, um mich zu belohnen:

_____

_____

Ich habe für heute folgende soziale Kontakte „geplant"

Am Telefon _____

In den sozialen Medien _____

In der „Realität"_____

Um diese Zeit werde ich einen Spaziergang an der frischen Luft unternehmen:
_____Uhr.

Welche drei Gefühle herrschen im Moment in mir vor:

1. _____ 2. _____ 3. _____

Warum fühle ich im Moment verstärkt:

Gefühl Nummer 1

_____

_____

_____

_____

Gefühl Nummer 2

_____

_____

_____

_____

Gefühl Nummer 3
_____

_____

_____

_____

Raum für Gedanken und Notizen
_____

_____

_____

_____

_____

_____

Es ist Abend, der Tag neigt sich dem Ende zu....

Das habe ich heute tatsächlich gemacht:

Erledigung des vorgenommenen To Do   ja/nein.
Wenn „Nein" was habe ich statt dessen erledigt?
_____

_____

An der frischen Luft gewesen   ja/nein
Wenn „Nein" warum nicht?
_____

_____H

abe ich heute etwas für die Pflege meines Körpers getan? ja/nein

Habe ich heute soziale Kontakte gehabt   ja/nein

Wenn es keine „realen" soziale Kontakte gab, warum nicht?

_____

_____

Bin ich heute einem meiner Hobbies nachgegangen   ja/nein

Wenn nein, wieso nicht? Wenn ja, welchem Hobby?

_____

_____

Das habe ich heute in der Wohnung aufgeräumt, auch wenn es vielleicht nur eine Kleinigkeit war:

_____

_____

Habe ich heute etwas gemacht, bei dem ich lieber auf mich Acht gegeben hätte und ich „Nein" sagen sollte?   ja/nein

Wenn ja, um was hat es sich gehandelt?

_____

_____

_____

_____

Wann ging es mir heute besonders gut und warum?

_____

_____

_____

_____

Freue ich mich morgen auf etwas Bestimmtes?   ja/nein

Wenn ja, dann auf was?

_____

Werde ich morgen etwas anders machen als heute?   ja/nein

Wenn ja, dann was?

_____

Mit diesen/m Ritual/en werde ich mich heute auf das Zubettgehen vorbereiten:

_____

Das werde ich dagegen unternehmen, wenn ich nicht einschlafen kann:

_____

So fühle ich mich im Moment:

Energie ___ / 10   Anspannung ___ / 10   Grübelei ___ / 10

Freude ___ / 10   Traurigkeit ___ / 10   Angst ___ / 10

Antrieb ___ / 10   Verzweiflung ___ / 10   Schmerzen ___ / 10

Das hat mich heute gedanklich am meisten beschäftigt:

_____

_____

_____

_____

_____

_____

...und diese Gedanken lasse ich jetzt an mir vorbeiziehen, weil ich auch morgen noch darüber nachdenken kann.

Ich wünsche mir eine Gute Nacht und freue mich auf den nächsten Tag!

Ein neuer Tag beginnt........

Datum _____   Heute aufgestanden um _____Uhr

Wochentag _____   Eingeschlafen um   _____Uhr

                                Schlafdauer insgesamt _____h

So habe ich geschlafen: gut oder   schlecht, weil ich
- Alpträume   hatte
- Einschlafstörungen
- Durchschlaftstörungen
- Früherwachen

So fühle ich mich im Moment:

Energie ___ / 10   Anspannung ___ / 10   Grübelei ___/ 10

Freude ___ / 10   Traurigkeit ___ / 10   Angst ___/ 10

Antrieb ___ / 10   Verzweiflung ___ / 10   Schmerzen ___/ 10

Ich bin stolz auf mich, weil

_____

_____

Bei diesen drei Dingen, habe ich das Gefühl, das ich sie jeden Tag
vor mir herschiebe:

1._____   Dringlichkeit ___/10

2._____   Dringlichkeit ___/10

3._____   Dringlichkeit ___/10

Nummer ... werde ich heute erledigen, weil es aus diesen Gründen besonders dringlich
ist:

_____

_____

Wenn ich das erledigt habe, gönne ich mir etwas Gutes, um mich zu belohnen:

_____

_____

Ich habe für heute folgende soziale Kontakte „geplant"

Am Telefon _____

In den sozialen Medien _____

In der „Realität" _____

Um diese Zeit werde ich einen Spaziergang an der frischen Luft unternehmen:
_____Uhr.

Welche drei Gefühle herrschen im Moment in mir vor:

1. _____ 2. _____ 3. _____

Warum fühle ich im Moment verstärkt:

Gefühl Nummer 1

_____

_____

_____

_____

Gefühl Nummer 2

_____

_____

_____

Gefühl Nummer 3

_____

_____

_____

Raum für Gedanken und Notizen

_____

_____

_____

_____

_____

Es ist Abend, der Tag neigt sich dem Ende zu....

Das habe ich heute tatsächlich gemacht:

Erledigung des vorgenommenen To Do   ja/nein.
Wenn „Nein" was habe ich statt dessen erledigt?

_____

_____

An der frischen Luft gewesen   ja/nein
Wenn „Nein" warum nicht?

_____

_____H

abe ich heute etwas für die Pflege meines Körpers getan? ja/nein

Habe ich heute soziale Kontakte gehabt   ja/nein
Wenn es keine „realen" soziale Kontakte gab, warum nicht?

_____

_____

Bin ich heute einem meiner Hobbies nachgegangen   ja/nein
Wenn nein, wieso nicht? Wenn ja, welchem Hobby?

_____

_____

Das habe ich heute in der Wohnung aufgeräumt, auch wenn es vielleicht nur eine
Kleinigkeit war:

_____

_____

Habe ich heute etwas gemacht, bei dem ich lieber auf mich Acht gegeben hätte und
ich „Nein" sagen sollte?   ja/nein
Wenn ja, um was hat es sich gehandelt?

_____

_____

_____

_____

Wann ging es mir heute besonders gut und warum?

_____

_____

_____

_____

Freue ich mich morgen auf etwas Bestimmtes?   ja/nein
Wenn ja, dann auf was?

_____

Werde ich morgen etwas anders machen als heute?   ja/nein
Wenn ja, dann was?

_____

Mit diesen/m Ritual/en werde ich mich heute auf das Zubettgehen vorbereiten:

_____

Das werde ich dagegen unternehmen, wenn ich nicht einschlafen kann:

_____

So fühle ich mich im Moment:

Energie ___ / 10   Anspannung ___ / 10   Grübelei ___ / 10

Freude ___ / 10   Traurigkeit ___ / 10   Angst ___ / 10

Antrieb ___ / 10   Verzweiflung ___ / 10   Schmerzen ___ / 10

Das hat mich heute gedanklich am meisten beschäftigt:

_____

_____

_____

_____

_____

_____

...und diese Gedanken lasse ich jetzt an mir vorbeiziehen, weil ich auch morgen noch
darüber nachdenken kann.
Ich wünsche mir eine Gute Nacht und freue mich auf den nächsten Tag!

Ein neuer Tag beginnt........

Datum _____   Heute aufgestanden um _____Uhr
Wochentag _____   Eingeschlafen um   _____Uhr
                           Schlafdauer insgesamt _____h

So habe ich geschlafen: gut oder   schlecht, weil ich
- Alpträume   hatte
- Einschlafstörungen
- Durchschlaftstörungen
- Früherwachen

So fühle ich mich im Moment:

Energie ____ / 10   Anspannung ____ / 10   Grübelei ____/ 10
Freude ____ / 10   Traurigkeit ____ / 10   Angst ____/ 10
Antrieb ____ / 10   Verzweiflung ____ / 10 Schmerzen ___/ 10

Ich bin stolz auf mich, weil

_____

_____

Bei diesen drei Dingen, habe ich das Gefühl, das ich sie jeden Tag vor mir herschiebe:

1._____   Dringlichkeit ___/10
2._____   Dringlichkeit ___/10
3._____   Dringlichkeit ___/10

Nummer ... werde ich heute erledigen, weil es aus diesen Gründen besonders dringlich ist:

_____

_____

Wenn ich das erledigt habe, gönne ich mir etwas Gutes, um mich zu belohnen:

_____

_____

Ich habe für heute folgende soziale Kontakte „geplant"

Am Telefon _____

In den sozialen Medien _____

In der „Realität"_____

Um diese Zeit werde ich einen Spaziergang an der frischen Luft unternehmen:
_____Uhr.

Welche drei Gefühle herrschen im Moment in mir vor:

1. _____ 2. _____ 3. _____

Warum fühle ich im Moment verstärkt:

Gefühl Nummer 1

_____

_____

_____

_____

Gefühl Nummer 2

_____

_____

_____

Gefühl Nummer 3

Raum für Gedanken und Notizen

Es ist Abend, der Tag neigt sich dem Ende zu....

Das habe ich heute tatsächlich gemacht:

Erledigung des vorgenommenen To Do   ja/nein.
Wenn „Nein" was habe ich statt dessen erledigt?

An der frischen Luft gewesen   ja/nein
Wenn „Nein" warum nicht?

--H

abe ich heute etwas für die Pflege meines Körpers getan? ja/nein

Habe ich heute soziale Kontakte gehabt   ja/nein

Wenn es keine „realen" soziale Kontakte gab, warum nicht?

_____

_____

Bin ich heute einem meiner Hobbies nachgegangen   ja/nein

Wenn nein, wieso nicht? Wenn ja, welchem Hobby?

_____

_____

Das habe ich heute in der Wohnung aufgeräumt, auch wenn es vielleicht nur eine

Kleinigkeit war:

_____

_____

Habe ich heute etwas gemacht, bei dem ich lieber auf mich Acht gegeben hätte und

ich „Nein" sagen sollte?   ja/nein

Wenn ja, um was hat es sich gehandelt?

_____

_____

_____

_____

Wann ging es mir heute besonders gut und warum?

_____

_____

_____

_____

Freue ich mich morgen auf etwas Bestimmtes?   ja/nein
Wenn ja, dann auf was?

_____

Werde ich morgen etwas anders machen als heute?   ja/nein
Wenn ja, dann was?

_____

Mit diesen/m Ritual/en werde ich mich heute auf das Zubettgehen vorbereiten:
_____

Das werde ich dagegen unternehmen, wenn ich nicht einschlafen kann:
_____

So fühle ich mich im Moment:

Energie ____ / 10   Anspannung ____ / 10   Grübelei ____ / 10

Freude ____ / 10   Traurigkeit ____ / 10   Angst ____ / 10

Antrieb ____ / 10   Verzweiflung ____ / 10   Schmerzen ____ / 10

Das hat mich heute gedanklich am meisten beschäftigt:

_____

_____

_____

_____

_____

_____

...und diese Gedanken lasse ich jetzt an mir vorbeiziehen, weil ich auch morgen noch darüber nachdenken kann.

Ich wünsche mir eine Gute Nacht und freue mich auf den nächsten Tag!

Ein neuer Tag beginnt........

Datum _____ Heute aufgestanden um _____Uhr
Wochentag _____ Eingeschlafen um   _____Uhr
                        Schlafdauer insgesamt _____h

So habe ich geschlafen: gut oder   schlecht, weil ich
- Alpträume   hatte
- Einschlafstörungen
- Durchschlaftstörungen
- Früherwachen

So fühle ich mich im Moment:

Energie ____ / 10   Anspannung ____ / 10   Grübelei ____/ 10
Freude ____ / 10   Traurigkeit ____ / 10   Angst   ____/ 10
Antrieb ____ / 10   Verzweiflung ____ / 10 Schmerzen ___/ 10

Ich bin stolz auf mich, weil

_____

_____

Bei diesen drei Dingen, habe ich das Gefühl, das ich sie jeden Tag
vor mir herschiebe:
1._____   Dringlichkeit ___/10
2._____   Dringlichkeit ___/10
3._____   Dringlichkeit ___/10

Nummer ... werde ich heute erledigen, weil es aus diesen Gründen besonders dringlich
ist:

_____

_____

Wenn ich das erledigt habe, gönne ich mir etwas Gutes, um mich zu belohnen:

_____

_____

Ich habe für heute folgende soziale Kontakte „geplant"

Am Telefon _____

In den sozialen Medien _____

In der „Realität"_____

Um diese Zeit werde ich einen Spaziergang an der frischen Luft unternehmen:
_____Uhr.

Welche drei Gefühle herrschen im Moment in mir vor:

1. _____ 2. _____ 3. _____

Warum fühle ich im Moment verstärkt:

Gefühl Nummer 1

_____

_____

_____

_____

Gefühl Nummer 2

_____

_____

_____

_____

Gefühl Nummer 3

_____

_____

_____

_____

Raum für Gedanken und Notizen

_____

_____

_____

_____

_____

_____

Es ist Abend, der Tag neigt sich dem Ende zu....

Das habe ich heute tatsächlich gemacht:

Erledigung des vorgenommenen To Do   ja/nein.
Wenn „Nein" was habe ich statt dessen erledigt?

_____

_____

An der frischen Luft gewesen   ja/nein
Wenn „Nein" warum nicht?

_____

_____H

abe ich heute etwas für die Pflege meines Körpers getan? ja/nein

Habe ich heute soziale Kontakte gehabt   ja/nein

Wenn es keine „realen" soziale Kontakte gab, warum nicht?

_____

_____

Bin ich heute einem meiner Hobbies nachgegangen   ja/nein

Wenn nein, wieso nicht? Wenn ja, welchem Hobby?

_____

_____

Das habe ich heute in der Wohnung aufgeräumt, auch wenn es vielleicht nur eine Kleinigkeit war:

_____

_____

Habe ich heute etwas gemacht, bei dem ich lieber auf mich Acht gegeben hätte und ich „Nein" sagen sollte?   ja/nein

Wenn ja, um was hat es sich gehandelt?

_____

_____

_____

_____

Wann ging es mir heute besonders gut und warum?

_____

_____

_____

_____

Freue ich mich morgen auf etwas Bestimmtes?   ja/nein
Wenn ja, dann auf was?

_____

Werde ich morgen etwas anders machen als heute?   ja/nein
Wenn ja, dann was?

_____

Mit diesen/m Ritual/en werde ich mich heute auf das Zubettgehen vorbereiten:
_____

Das werde ich dagegen unternehmen, wenn ich nicht einschlafen kann:
_____

So fühle ich mich im Moment:

Energie ___ / 10   Anspannung ___ / 10   Grübelei ___ / 10

Freude ___ / 10   Traurigkeit ___ / 10   Angst ___ / 10

Antrieb ___ / 10   Verzweiflung ___ / 10   Schmerzen ___ / 10

Das hat mich heute gedanklich am meisten beschäftigt:

_____

_____

_____

_____

_____

_____

...und diese Gedanken lasse ich jetzt an mir vorbeiziehen, weil ich auch morgen noch darüber nachdenken kann.

Ich wünsche mir eine Gute Nacht und freue mich auf den nächsten Tag!

Ein neuer Tag beginnt........

Datum _____   Heute aufgestanden um _____Uhr
Wochentag _____   Eingeschlafen um   _____Uhr
                             Schlafdauer insgesamt _____h

So habe ich geschlafen: gut oder   schlecht, weil ich
- Alpträume   hatte
- Einschlafstörungen
- Durchschlaftstörungen
- Früherwachen

So fühle ich mich im Moment:

Energie ___ / 10   Anspannung ___ / 10   Grübelei ___/ 10
Freude ___ / 10   Traurigkeit ___ / 10   Angst   ___/ 10
Antrieb ___ / 10   Verzweiflung ___ / 10   Schmerzen ___/ 10

Ich bin stolz auf mich, weil

_____

_____

Bei diesen drei Dingen, habe ich das Gefühl, das ich sie jeden Tag
vor mir herschiebe:

1._____   Dringlichkeit ___/10
2._____   Dringlichkeit ___/10
3._____   Dringlichkeit ___/10

Nummer ... werde ich heute erledigen, weil es aus diesen Gründen besonders dringlich
ist:

_____

_____

Wenn ich das erledigt habe, gönne ich mir etwas Gutes, um mich zu belohnen:

_____

_____

Ich habe für heute folgende soziale Kontakte „geplant"

Am Telefon _____

In den sozialen Medien _____

In der „Realität"_____

Um diese Zeit werde ich einen Spaziergang an der frischen Luft unternehmen:
_____Uhr.

Welche drei Gefühle herrschen im Moment in mir vor:

1. _____ 2. _____ 3. _____

Warum fühle ich im Moment verstärkt:

Gefühl Nummer 1

_____

_____

_____

_____

Gefühl Nummer 2

_____

_____

_____

Gefühl Nummer 3

Raum für Gedanken und Notizen

Es ist Abend, der Tag neigt sich dem Ende zu....

Das habe ich heute tatsächlich gemacht:

Erledigung des vorgenommenen To Do   ja/nein.
Wenn „Nein" was habe ich statt dessen erledigt?

An der frischen Luft gewesen   ja/nein
Wenn „Nein" warum nicht?

---H

abe ich heute etwas für die Pflege meines Körpers getan? ja/nein

Habe ich heute soziale Kontakte gehabt   ja/nein

Wenn es keine „realen" soziale Kontakte gab, warum nicht?

_____

_____

Bin ich heute einem meiner Hobbies nachgegangen   ja/nein

Wenn nein, wieso nicht? Wenn ja, welchem Hobby?

_____

_____

Das habe ich heute in der Wohnung aufgeräumt, auch wenn es vielleicht nur eine Kleinigkeit war:

_____

_____

Habe ich heute etwas gemacht, bei dem ich lieber auf mich Acht gegeben hätte und ich „Nein" sagen sollte?   ja/nein

Wenn ja, um was hat es sich gehandelt?

_____

_____

_____

_____

Wann ging es mir heute besonders gut und warum?

_____

_____

_____

_____

Freue ich mich morgen auf etwas Bestimmtes?   ja/nein
Wenn ja, dann auf was?

_____

Werde ich morgen etwas anders machen als heute?   ja/nein
Wenn ja, dann was?

_____

Mit diesen/m Ritual/en werde ich mich heute auf das Zubettgehen vorbereiten:
_____

Das werde ich dagegen unternehmen, wenn ich nicht einschlafen kann:
_____

So fühle ich mich im Moment:

Energie ___ / 10   Anspannung ___ / 10   Grübelei ___ / 10

Freude ___ / 10   Traurigkeit ___ / 10   Angst ___ / 10

Antrieb ___ / 10   Verzweiflung ___ / 10   Schmerzen ___ / 10

Das hat mich heute gedanklich am meisten beschäftigt:

_____

_____

_____

_____

_____

_____

...und diese Gedanken lasse ich jetzt an mir vorbeiziehen, weil ich auch morgen noch darüber nachdenken kann.

Ich wünsche mir eine Gute Nacht und freue mich auf den nächsten Tag!

Ein neuer Tag beginnt........

Datum _____   Heute aufgestanden um _____Uhr
Wochentag _____   Eingeschlafen um   _____Uhr
                          Schlafdauer insgesamt _____h

So habe ich geschlafen: gut oder   schlecht, weil ich
- Alpträume   hatte
- Einschlafstörungen
- Durchschlafstörungen
- Früherwachen

So fühle ich mich im Moment:

Energie ____ / 10   Anspannung ____ / 10   Grübelei ____/ 10
Freude ____ / 10   Traurigkeit ____ / 10   Angst   ____/ 10
Antrieb ____ / 10   Verzweiflung ____ / 10   Schmerzen ___/ 10

Ich bin stolz auf mich, weil

_____

_____

Bei diesen drei Dingen, habe ich das Gefühl, das ich sie jeden Tag
vor mir herschiebe:

1._____   Dringlichkeit ____/10
2._____   Dringlichkeit ____/10
3._____   Dringlichkeit ____/10

Nummer ... werde ich heute erledigen, weil es aus diesen Gründen besonders dringlich
ist:

_____

_____

Wenn ich das erledigt habe, gönne ich mir etwas Gutes, um mich zu belohnen:

_____

_____

Ich habe für heute folgende soziale Kontakte „geplant"
Am Telefon _____
In den sozialen Medien _____
In der „Realität"_____

Um diese Zeit werde ich einen Spaziergang an der frischen Luft unternehmen:
_____Uhr.

Welche drei Gefühle herrschen im Moment in mir vor:

1. _____ 2. _____ 3. _____

Warum fühle ich im Moment verstärkt:
Gefühl Nummer 1

_____

_____

_____

_____

Gefühl Nummer 2

_____

_____

_____

Gefühl Nummer 3

Raum für Gedanken und Notizen

Es ist Abend, der Tag neigt sich dem Ende zu....

Das habe ich heute tatsächlich gemacht:

Erledigung des vorgenommenen To Do   ja/nein.
Wenn „Nein" was habe ich statt dessen erledigt?

An der frischen Luft gewesen   ja/nein
Wenn „Nein" warum nicht?

---H

abe ich heute etwas für die Pflege meines Körpers getan? ja/nein

Habe ich heute soziale Kontakte gehabt   ja/nein

Wenn es keine „realen" soziale Kontakte gab, warum nicht?

_____

_____

Bin ich heute einem meiner Hobbies nachgegangen   ja/nein

Wenn nein, wieso nicht? Wenn ja, welchem Hobby?

_____

_____

Das habe ich heute in der Wohnung aufgeräumt, auch wenn es vielleicht nur eine
Kleinigkeit war:

_____

_____

Habe ich heute etwas gemacht, bei dem ich lieber auf mich Acht gegeben hätte und
ich „Nein" sagen sollte?   ja/nein

Wenn ja, um was hat es sich gehandelt?

_____

_____

_____

Wann ging es mir heute besonders gut und warum?

_____

_____

_____

_____

Freue ich mich morgen auf etwas Bestimmtes?   ja/nein
Wenn ja, dann auf was?

_____

Werde ich morgen etwas anders machen als heute?   ja/nein
Wenn ja, dann was?

_____

Mit diesen/m Ritual/en werde ich mich heute auf das Zubettgehen vorbereiten:
_____

Das werde ich dagegen unternehmen, wenn ich nicht einschlafen kann:
_____

So fühle ich mich im Moment:

Energie ____ / 10   Anspannung ____ / 10   Grübelei ____/ 10

Freude ____ / 10   Traurigkeit ____ / 10   Angst ____/ 10

Antrieb ____ / 10   Verzweiflung ____ / 10   Schmerzen____/ 10

Das hat mich heute gedanklich am meisten beschäftigt:
_____

_____

_____

_____

_____

_____

...und diese Gedanken lasse ich jetzt an mir vorbeiziehen, weil ich auch morgen noch darüber nachdenken kann.

Ich wünsche mir eine Gute Nacht und freue mich auf den nächsten Tag!

Ein neuer Tag beginnt........

Datum _____   Heute aufgestanden um _____Uhr

Wochentag _____   Eingeschlafen um   _____Uhr

                            Schlafdauer insgesamt _____h

So habe ich geschlafen: gut oder   schlecht, weil ich

- Alpträume   hatte
- Einschlafstörungen
- Durchschlaftstörungen
- Früherwachen

So fühle ich mich im Moment:

Energie ___ / 10   Anspannung ___ / 10   Grübelei ___/ 10

Freude ___ / 10   Traurigkeit ___ / 10   Angst ___/ 10

Antrieb ___ / 10   Verzweiflung ___ / 10   Schmerzen ___/ 10

Ich bin stolz auf mich, weil

_____

_____

Bei diesen drei Dingen, habe ich das Gefühl, das ich sie jeden Tag vor mir herschiebe:

1._____ Dringlichkeit ___/10

2._____ Dringlichkeit ___/10

3._____ Dringlichkeit ___/10

Nummer ... werde ich heute erledigen, weil es aus diesen Gründen besonders dringlich ist:

_____

_____

Wenn ich das erledigt habe, gönne ich mir etwas Gutes, um mich zu belohnen:

_____

_____

Ich habe für heute folgende soziale Kontakte „geplant"
Am Telefon _____
In den sozialen Medien _____
In der „Realität"_____

Um diese Zeit werde ich einen Spaziergang an der frischen Luft unternehmen:
_____Uhr.

Welche drei Gefühle herrschen im Moment in mir vor:

1. _____ 2. _____ 3. _____

Warum fühle ich im Moment verstärkt:
Gefühl Nummer 1

_____

_____

_____

_____

Gefühl Nummer 2

_____

_____

_____

Gefühl Nummer 3

_____

_____

_____

_____

Raum für Gedanken und Notizen

_____

_____

_____

_____

_____

_____

Es ist Abend, der Tag neigt sich dem Ende zu....

Das habe ich heute tatsächlich gemacht:

Erledigung des vorgenommenen To Do   ja/nein.
Wenn „Nein" was habe ich statt dessen erledigt?

_____

_____

An der frischen Luft gewesen   ja/nein
Wenn „Nein" warum nicht?

_____

_____H

abe ich heute etwas für die Pflege meines Körpers getan? ja/nein

Habe ich heute soziale Kontakte gehabt   ja/nein
Wenn es keine „realen" soziale Kontakte gab, warum nicht?

_____

_____

Bin ich heute einem meiner Hobbies nachgegangen   ja/nein
Wenn nein, wieso nicht? Wenn ja, welchem Hobby?

_____

_____

Das habe ich heute in der Wohnung aufgeräumt, auch wenn es vielleicht nur eine
Kleinigkeit war:

_____

_____

Habe ich heute etwas gemacht, bei dem ich lieber auf mich Acht gegeben hätte und
ich „Nein" sagen sollte?   ja/nein
Wenn ja, um was hat es sich gehandelt?

_____

_____

_____

_____

Wann ging es mir heute besonders gut und warum?

_____

_____

_____

_____

Freue ich mich morgen auf etwas Bestimmtes?   ja/nein
Wenn ja, dann auf was?

_____

Werde ich morgen etwas anders machen als heute?   ja/nein
Wenn ja, dann was?

_____

Mit diesen/m Ritual/en werde ich mich heute auf das Zubettgehen vorbereiten:
_____

Das werde ich dagegen unternehmen, wenn ich nicht einschlafen kann:
_____

So fühle ich mich im Moment:

Energie ___ / 10   Anspannung ___ / 10   Grübelei ___/ 10

Freude ___ / 10   Traurigkeit ___ / 10   Angst ___/ 10

Antrieb ___ / 10   Verzweiflung ___ / 10   Schmerzen___/ 10

Das hat mich heute gedanklich am meisten beschäftigt:

_____

_____

_____

_____

_____

_____

...und diese Gedanken lasse ich jetzt an mir vorbeiziehen, weil ich auch morgen noch
darüber nachdenken kann.
Ich wünsche mir eine Gute Nacht und freue mich auf den nächsten Tag!

Ein neuer Tag beginnt........

Datum _____   Heute aufgestanden um _____Uhr
Wochentag _____   Eingeschlafen um   _____Uhr
                                Schlafdauer insgesamt _____h

So habe ich geschlafen: gut oder   schlecht, weil ich
  • Alpträume   hatte
  • Einschlafstörungen
  • Durchschlaftstörungen
  • Früherwachen

So fühle ich mich im Moment:

Energie ___ / 10   Anspannung ___ / 10   Grübelei ___/ 10
Freude ___ / 10   Traurigkeit ___ / 10   Angst   ___/ 10
Antrieb ___ / 10   Verzweiflung ___ / 10   Schmerzen ___/ 10

Ich bin stolz auf mich, weil

_____

_____

Bei diesen drei Dingen, habe ich das Gefühl, das ich sie jeden Tag
vor mir herschiebe:
1._____   Dringlichkeit ___/10
2._____   Dringlichkeit ___/10
3._____   Dringlichkeit ___/10

Nummer ... werde ich heute erledigen, weil es aus diesen Gründen besonders dringlich
ist:

_____

_____

Wenn ich das erledigt habe, gönne ich mir etwas Gutes, um mich zu belohnen:

_____

_____

Ich habe für heute folgende soziale Kontakte „geplant"

Am Telefon _____

In den sozialen Medien _____

In der „Realität"_____

Um diese Zeit werde ich einen Spaziergang an der frischen Luft unternehmen:
_____Uhr.

Welche drei Gefühle herrschen im Moment in mir vor:

1. _____ 2. _____ 3. _____

Warum fühle ich im Moment verstärkt:

Gefühl Nummer 1

_____

_____

_____

_____

Gefühl Nummer 2

_____

_____

_____

Gefühl Nummer 3

Raum für Gedanken und Notizen

Es ist Abend, der Tag neigt sich dem Ende zu....

Das habe ich heute tatsächlich gemacht:

Erledigung des vorgenommenen To Do   ja/nein.
Wenn „Nein" was habe ich statt dessen erledigt?

An der frischen Luft gewesen   ja/nein
Wenn „Nein" warum nicht?

———————————————————————————————————H

abe ich heute etwas für die Pflege meines Körpers getan? ja/nein

Habe ich heute soziale Kontakte gehabt   ja/nein

Wenn es keine „realen" soziale Kontakte gab, warum nicht?

_____

_____

Bin ich heute einem meiner Hobbies nachgegangen   ja/nein

Wenn nein, wieso nicht? Wenn ja, welchem Hobby?

_____

_____

Das habe ich heute in der Wohnung aufgeräumt, auch wenn es vielleicht nur eine Kleinigkeit war:

_____

_____

Habe ich heute etwas gemacht, bei dem ich lieber auf mich Acht gegeben hätte und ich „Nein" sagen sollte?   ja/nein

Wenn ja, um was hat es sich gehandelt?

_____

_____

_____

_____

Wann ging es mir heute besonders gut und warum?

_____

_____

_____

_____

Freue ich mich morgen auf etwas Bestimmtes?   ja/nein
Wenn ja, dann auf was?

_____

Werde ich morgen etwas anders machen als heute?   ja/nein
Wenn ja, dann was?

_____

Mit diesen/m Ritual/en werde ich mich heute auf das Zubettgehen vorbereiten:
_____

Das werde ich dagegen unternehmen, wenn ich nicht einschlafen kann:
_____

So fühle ich mich im Moment:

Energie ___ / 10   Anspannung ___ / 10   Grübelei ___/ 10

Freude ___ / 10   Traurigkeit ___ / 10   Angst ___/ 10

Antrieb ___ / 10   Verzweiflung ___ / 10   Schmerzen___/ 10

Das hat mich heute gedanklich am meisten beschäftigt:

_____

_____

_____

_____

_____

_____

...und diese Gedanken lasse ich jetzt an mir vorbeiziehen, weil ich auch morgen noch
darüber nachdenken kann.

Ich wünsche mir eine Gute Nacht und freue mich auf den nächsten Tag!

Ein neuer Tag beginnt........

Datum _____   Heute aufgestanden um _____Uhr
Wochentag _____   Eingeschlafen um   _____Uhr
                          Schlafdauer insgesamt _____h

So habe ich geschlafen: gut oder   schlecht, weil ich
- Alpträume   hatte
- Einschlafstörungen
- Durchschlaftstörungen
- Früherwachen

So fühle ich mich im Moment:

Energie ___ / 10   Anspannung ___ / 10   Grübelei ___/ 10
Freude ___ / 10   Traurigkeit ___ / 10   Angst ___/ 10
Antrieb ___ / 10   Verzweiflung ___ / 10   Schmerzen ___/ 10

Ich bin stolz auf mich, weil

_____

_____

Bei diesen drei Dingen, habe ich das Gefühl, das ich sie jeden Tag vor mir herschiebe:

1._____ Dringlichkeit ___/10
2._____ Dringlichkeit ___/10
3._____ Dringlichkeit ___/10

Nummer ... werde ich heute erledigen, weil es aus diesen Gründen besonders dringlich ist:

_____

_____

Wenn ich das erledigt habe, gönne ich mir etwas Gutes, um mich zu belohnen:

_____

_____

Ich habe für heute folgende soziale Kontakte „geplant"

Am Telefon _____

In den sozialen Medien _____

In der „Realität"_____

Um diese Zeit werde ich einen Spaziergang an der frischen Luft unternehmen:
_____Uhr.

Welche drei Gefühle herrschen im Moment in mir vor:

1. _____ 2. _____ 3. _____

Warum fühle ich im Moment verstärkt:
Gefühl Nummer 1

_____

_____

_____

_____

Gefühl Nummer 2

_____

_____

_____

_____

Gefühl Nummer 3
_____

_____

_____

_____

Raum für Gedanken und Notizen
_____

_____

_____

_____

_____

_____

Es ist Abend, der Tag neigt sich dem Ende zu....

Das habe ich heute tatsächlich gemacht:

Erledigung des vorgenommenen To Do   ja/nein.
Wenn „Nein" was habe ich statt dessen erledigt?
_____

_____

An der frischen Luft gewesen   ja/nein
Wenn „Nein" warum nicht?
_____

_____H

abe ich heute etwas für die Pflege meines Körpers getan? ja/nein

Habe ich heute soziale Kontakte gehabt   ja/nein

Wenn es keine „realen" soziale Kontakte gab, warum nicht?

_____

_____

Bin ich heute einem meiner Hobbies nachgegangen   ja/nein

Wenn nein, wieso nicht? Wenn ja, welchem Hobby?

_____

_____

Das habe ich heute in der Wohnung aufgeräumt, auch wenn es vielleicht nur eine Kleinigkeit war:

_____

_____

Habe ich heute etwas gemacht, bei dem ich lieber auf mich Acht gegeben hätte und ich „Nein" sagen sollte?   ja/nein

Wenn ja, um was hat es sich gehandelt?

_____

_____

_____

_____

Wann ging es mir heute besonders gut und warum?

_____

_____

_____

_____

Freue ich mich morgen auf etwas Bestimmtes?   ja/nein
Wenn ja, dann auf was?

_____

Werde ich morgen etwas anders machen als heute?   ja/nein
Wenn ja, dann was?

_____

Mit diesen/m Ritual/en werde ich mich heute auf das Zubettgehen vorbereiten:
_____

Das werde ich dagegen unternehmen, wenn ich nicht einschlafen kann:
_____

So fühle ich mich im Moment:

Energie ___ / 10   Anspannung ___ / 10   Grübelei ___/ 10

Freude ___ / 10   Traurigkeit ___ / 10   Angst   ___/ 10

Antrieb ___ / 10   Verzweiflung ___ / 10   Schmerzen___/ 10

Das hat mich heute gedanklich am meisten beschäftigt:

_____

_____

_____

_____

_____

_____

…und diese Gedanken lasse ich jetzt an mir vorbeiziehen, weil ich auch morgen noch

darüber nachdenken kann.

Ich wünsche mir eine Gute Nacht und freue mich auf den nächsten Tag!

Ein neuer Tag beginnt........

Datum _____   Heute aufgestanden um _____Uhr
Wochentag _____   Eingeschlafen um   _____Uhr
                           Schlafdauer insgesamt _____h

So habe ich geschlafen: gut oder   schlecht, weil ich
- Alpträume   hatte
- Einschlafstörungen
- Durchschlafstörungen
- Früherwachen

So fühle ich mich im Moment:

Energie ___ / 10   Anspannung ___ / 10   Grübelei ___/ 10
Freude ___ / 10   Traurigkeit ___ / 10   Angst ___/ 10
Antrieb ___ / 10   Verzweiflung ___ / 10   Schmerzen ___/ 10

Ich bin stolz auf mich, weil

_____

_____

Bei diesen drei Dingen, habe ich das Gefühl, das ich sie jeden Tag vor mir herschiebe:

1._____   Dringlichkeit ___/10
2._____   Dringlichkeit ___/10
3._____   Dringlichkeit ___/10

Nummer ... werde ich heute erledigen, weil es aus diesen Gründen besonders dringlich ist:

_____

_____

Wenn ich das erledigt habe, gönne ich mir etwas Gutes, um mich zu belohnen:

_____

_____

Ich habe für heute folgende soziale Kontakte „geplant"

Am Telefon _____

In den sozialen Medien _____

In der „Realität"_____

Um diese Zeit werde ich einen Spaziergang an der frischen Luft unternehmen:
_____Uhr.

Welche drei Gefühle herrschen im Moment in mir vor:

1. _____ 2. _____ 3. _____

Warum fühle ich im Moment verstärkt:

Gefühl Nummer 1

_____

_____

_____

_____

Gefühl Nummer 2

_____

_____

_____

Gefühl Nummer 3

_____

_____

_____

Raum für Gedanken und Notizen

_____

_____

_____

_____

_____

Es ist Abend, der Tag neigt sich dem Ende zu....

Das habe ich heute tatsächlich gemacht:

Erledigung des vorgenommenen To Do   ja/nein.
Wenn „Nein" was habe ich statt dessen erledigt?

_____

_____

An der frischen Luft gewesen   ja/nein
Wenn „Nein" warum nicht?

_____

_____H

abe ich heute etwas für die Pflege meines Körpers getan? ja/nein

Habe ich heute soziale Kontakte gehabt   ja/nein

Wenn es keine „realen" soziale Kontakte gab, warum nicht?

_____

_____

Bin ich heute einem meiner Hobbies nachgegangen   ja/nein

Wenn nein, wieso nicht? Wenn ja, welchem Hobby?

_____

_____

Das habe ich heute in der Wohnung aufgeräumt, auch wenn es vielleicht nur eine

Kleinigkeit war:

_____

_____

Habe ich heute etwas gemacht, bei dem ich lieber auf mich Acht gegeben hätte und

ich „Nein" sagen sollte?   ja/nein

Wenn ja, um was hat es sich gehandelt?

_____

_____

_____

_____

Wann ging es mir heute besonders gut und warum?

_____

_____

_____

_____

Freue ich mich morgen auf etwas Bestimmtes?   ja/nein
Wenn ja, dann auf was?

_____

Werde ich morgen etwas anders machen als heute?   ja/nein
Wenn ja, dann was?

_____

Mit diesen/m Ritual/en werde ich mich heute auf das Zubettgehen vorbereiten:
_____

Das werde ich dagegen unternehmen, wenn ich nicht einschlafen kann:
_____

So fühle ich mich im Moment:

Energie ___ / 10   Anspannung ___ / 10   Grübelei ___ / 10
Freude ___ / 10   Traurigkeit ___ / 10   Angst ___ / 10
Antrieb ___ / 10   Verzweiflung ___ / 10   Schmerzen ___ / 10

Das hat mich heute gedanklich am meisten beschäftigt:
_____

_____

_____

_____

_____

_____

...und diese Gedanken lasse ich jetzt an mir vorbeiziehen, weil ich auch morgen noch
darüber nachdenken kann.
Ich wünsche mir eine Gute Nacht und freue mich auf den nächsten Tag!

Ein neuer Tag beginnt........

Datum _____   Heute aufgestanden um _____Uhr
Wochentag _____   Eingeschlafen um   _____Uhr
                                Schlafdauer insgesamt _____h

So habe ich geschlafen: gut oder   schlecht, weil ich
- Alpträume   hatte
- Einschlafstörungen
- Durchschlaftstörungen
- Früherwachen

So fühle ich mich im Moment:

Energie ___ / 10   Anspannung ___ / 10   Grübelei ___/ 10
Freude ___ / 10   Traurigkeit ___ / 10   Angst   ___/ 10
Antrieb ___ / 10   Verzweiflung ___ / 10   Schmerzen ___/ 10

Ich bin stolz auf mich, weil

_____

_____

Bei diesen drei Dingen, habe ich das Gefühl, das ich sie jeden Tag
vor mir herschiebe:

1._____   Dringlichkeit ___/10
2._____   Dringlichkeit ___/10
3._____   Dringlichkeit ___/10

Nummer ... werde ich heute erledigen, weil es aus diesen Gründen besonders dringlich
ist:

_____

_____

Wenn ich das erledigt habe, gönne ich mir etwas Gutes, um mich zu belohnen:

_____

_____

Ich habe für heute folgende soziale Kontakte „geplant"

Am Telefon _____

In den sozialen Medien _____

In der „Realität"_____

Um diese Zeit werde ich einen Spaziergang an der frischen Luft unternehmen:
_____Uhr.

Welche drei Gefühle herrschen im Moment in mir vor:

1. _____ 2. _____ 3. _____

Warum fühle ich im Moment verstärkt:

Gefühl Nummer 1

_____

_____

_____

_____

Gefühl Nummer 2

_____

_____

_____

_____

Gefühl Nummer 3

_____

_____

_____

_____

Raum für Gedanken und Notizen

_____

_____

_____

_____

_____

_____

Es ist Abend, der Tag neigt sich dem Ende zu....

Das habe ich heute tatsächlich gemacht:

Erledigung des vorgenommenen To Do   ja/nein.

Wenn „Nein" was habe ich statt dessen erledigt?

_____

_____

An der frischen Luft gewesen   ja/nein

Wenn „Nein" warum nicht?

_____

_____H

abe ich heute etwas für die Pflege meines Körpers getan? ja/nein

Habe ich heute soziale Kontakte gehabt   ja/nein

Wenn es keine „realen" soziale Kontakte gab, warum nicht?

_____

_____

Bin ich heute einem meiner Hobbies nachgegangen   ja/nein

Wenn nein, wieso nicht? Wenn ja, welchem Hobby?

_____

_____

Das habe ich heute in der Wohnung aufgeräumt, auch wenn es vielleicht nur eine

Kleinigkeit war:

_____

_____

Habe ich heute etwas gemacht, bei dem ich lieber auf mich Acht gegeben hätte und

ich „Nein" sagen sollte?   ja/nein

Wenn ja, um was hat es sich gehandelt?

_____

_____

_____

_____

Wann ging es mir heute besonders gut und warum?

_____

_____

_____

_____

Freue ich mich morgen auf etwas Bestimmtes?　　　　ja/nein
Wenn ja, dann auf was?

_____

Werde ich morgen etwas anders machen als heute?　　　ja/nein
Wenn ja, dann was?

_____

Mit diesen/m Ritual/en werde ich mich heute auf das Zubettgehen vorbereiten:
_____

Das werde ich dagegen unternehmen, wenn ich nicht einschlafen kann:
_____

So fühle ich mich im Moment:

Energie ___ / 10　　Anspannung ___ / 10　　Grübelei ___/ 10

Freude ___ / 10　　Traurigkeit ___ / 10　　Angst ___/ 10

Antrieb ___ / 10　　Verzweiflung ___ / 10　　Schmerzen___/ 10

Das hat mich heute gedanklich am meisten beschäftigt:

_____

_____

_____

_____

_____

_____

...und diese Gedanken lasse ich jetzt an mir vorbeiziehen, weil ich auch morgen noch
darüber nachdenken kann.
Ich wünsche mir eine Gute Nacht und freue mich auf den nächsten Tag!

Ein neuer Tag beginnt........

Datum _____   Heute aufgestanden um _____Uhr

Wochentag _____   Eingeschlafen um   _____Uhr

                               Schlafdauer insgesamt _____h

So habe ich geschlafen: gut oder   schlecht, weil ich
- Alpträume   hatte
- Einschlafstörungen
- Durchschlaftstörungen
- Früherwachen

So fühle ich mich im Moment:

Energie ___ / 10   Anspannung ___ / 10   Grübelei ___/ 10

Freude ___ / 10   Traurigkeit ___ / 10   Angst ___/ 10

Antrieb ___ / 10   Verzweiflung ___ / 10 Schmerzen ___/ 10

Ich bin stolz auf mich, weil

_____

_____

Bei diesen drei Dingen, habe ich das Gefühl, das ich sie jeden Tag
vor mir herschiebe:

1._____   Dringlichkeit ___/10

2._____   Dringlichkeit ___/10

3._____   Dringlichkeit ___/10

Nummer ... werde ich heute erledigen, weil es aus diesen Gründen besonders dringlich
ist:

_____

_____

Wenn ich das erledigt habe, gönne ich mir etwas Gutes, um mich zu belohnen:

_____

_____

Ich habe für heute folgende soziale Kontakte „geplant"

Am Telefon _____

In den sozialen Medien _____

In der „Realität"_____

Um diese Zeit werde ich einen Spaziergang an der frischen Luft unternehmen:
_____Uhr.

Welche drei Gefühle herrschen im Moment in mir vor:

1. _____ 2. _____ 3. _____

Warum fühle ich im Moment verstärkt:

Gefühl Nummer 1

_____

_____

_____

_____

Gefühl Nummer 2

_____

_____

_____

Gefühl Nummer 3

Raum für Gedanken und Notizen

Es ist Abend, der Tag neigt sich dem Ende zu....

Das habe ich heute tatsächlich gemacht:

Erledigung des vorgenommenen To Do   ja/nein.
Wenn „Nein" was habe ich statt dessen erledigt?

An der frischen Luft gewesen   ja/nein
Wenn „Nein" warum nicht?

---H

abe ich heute etwas für die Pflege meines Körpers getan? ja/nein

Habe ich heute soziale Kontakte gehabt   ja/nein

Wenn es keine „realen" soziale Kontakte gab, warum nicht?

_____

_____

Bin ich heute einem meiner Hobbies nachgegangen   ja/nein

Wenn nein, wieso nicht? Wenn ja, welchem Hobby?

_____

_____

Das habe ich heute in der Wohnung aufgeräumt, auch wenn es vielleicht nur eine

Kleinigkeit war:

_____

_____

Habe ich heute etwas gemacht, bei dem ich lieber auf mich Acht gegeben hätte und

ich „Nein" sagen sollte?   ja/nein

Wenn ja, um was hat es sich gehandelt?

_____

_____

_____

_____

Wann ging es mir heute besonders gut und warum?

_____

_____

_____

_____

Freue ich mich morgen auf etwas Bestimmtes?   ja/nein
Wenn ja, dann auf was?

_____

Werde ich morgen etwas anders machen als heute?   ja/nein
Wenn ja, dann was?

_____

Mit diesen/m Ritual/en werde ich mich heute auf das Zubettgehen vorbereiten:
_____

Das werde ich dagegen unternehmen, wenn ich nicht einschlafen kann:
_____

So fühle ich mich im Moment:

Energie ___ / 10   Anspannung ___ / 10   Grübelei ___/ 10
Freude ___ / 10   Traurigkeit ___ / 10   Angst ___/ 10
Antrieb ___ / 10   Verzweiflung ___ / 10   Schmerzen___/ 10

Das hat mich heute gedanklich am meisten beschäftigt:
_____

_____

_____

_____

_____

_____

...und diese Gedanken lasse ich jetzt an mir vorbeiziehen, weil ich auch morgen noch darüber nachdenken kann.
Ich wünsche mir eine Gute Nacht und freue mich auf den nächsten Tag!

Ein neuer Tag beginnt........

Datum _____   Heute aufgestanden um _____Uhr
Wochentag _____   Eingeschlafen um   _____Uhr
                                Schlafdauer insgesamt _____h

So habe ich geschlafen: gut oder   schlecht, weil ich
- Alpträume   hatte
- Einschlafstörungen
- Durchschlaftstörungen
- Früherwachen

So fühle ich mich im Moment:

Energie ___ / 10   Anspannung ___ / 10   Grübelei ___/ 10
Freude ___ / 10   Traurigkeit ___ / 10   Angst ___/ 10
Antrieb ___ / 10   Verzweiflung ___ / 10   Schmerzen ___/ 10

Ich bin stolz auf mich, weil

_____

_____

Bei diesen drei Dingen, habe ich das Gefühl, das ich sie jeden Tag vor mir herschiebe:

1._____   Dringlichkeit ___/10
2._____   Dringlichkeit ___/10
3._____   Dringlichkeit ___/10

Nummer ... werde ich heute erledigen, weil es aus diesen Gründen besonders dringlich ist:

_____

_____

Wenn ich das erledigt habe, gönne ich mir etwas Gutes, um mich zu belohnen:

_____

_____

Ich habe für heute folgende soziale Kontakte „geplant"
Am Telefon _____
In den sozialen Medien _____
In der „Realität"_____

Um diese Zeit werde ich einen Spaziergang an der frischen Luft unternehmen:
_____Uhr.

Welche drei Gefühle herrschen im Moment in mir vor:

1. _____ 2. _____ 3. _____

Warum fühle ich im Moment verstärkt:
Gefühl Nummer 1

_____

_____

_____

_____

Gefühl Nummer 2

_____

_____

_____

_____

Gefühl Nummer 3
_____

_____

_____

_____

Raum für Gedanken und Notizen
_____

_____

_____

_____

_____

_____

Es ist Abend, der Tag neigt sich dem Ende zu....

Das habe ich heute tatsächlich gemacht:

Erledigung des vorgenommenen To Do   ja/nein.
Wenn „Nein" was habe ich statt dessen erledigt?
_____

_____

An der frischen Luft gewesen   ja/nein
Wenn „Nein" warum nicht?
_____

_____H

abe ich heute etwas für die Pflege meines Körpers getan? ja/nein

Habe ich heute soziale Kontakte gehabt   ja/nein

Wenn es keine „realen" soziale Kontakte gab, warum nicht?

_____

_____

Bin ich heute einem meiner Hobbies nachgegangen   ja/nein

Wenn nein, wieso nicht? Wenn ja, welchem Hobby?

_____

_____

Das habe ich heute in der Wohnung aufgeräumt, auch wenn es vielleicht nur eine
Kleinigkeit war:

_____

_____

Habe ich heute etwas gemacht, bei dem ich lieber auf mich Acht gegeben hätte und
ich „Nein" sagen sollte?   ja/nein

Wenn ja, um was hat es sich gehandelt?

_____

_____

_____

_____

Wann ging es mir heute besonders gut und warum?

_____

_____

_____

_____

Freue ich mich morgen auf etwas Bestimmtes?   ja/nein
Wenn ja, dann auf was?
_____

Werde ich morgen etwas anders machen als heute?   ja/nein
Wenn ja, dann was?
_____

Mit diesen/m Ritual/en werde ich mich heute auf das Zubettgehen vorbereiten:
_____

Das werde ich dagegen unternehmen, wenn ich nicht einschlafen kann:
_____

So fühle ich mich im Moment:

Energie ___ / 10   Anspannung ___ / 10   Grübelei ___/ 10
Freude ___ / 10   Traurigkeit ___ / 10   Angst   ___/ 10
Antrieb ___ / 10   Verzweiflung ___ / 10   Schmerzen___/ 10

Das hat mich heute gedanklich am meisten beschäftigt:
_____

_____

_____

_____

_____

_____

...und diese Gedanken lasse ich jetzt an mir vorbeiziehen, weil ich auch morgen noch
darüber nachdenken kann.
Ich wünsche mir eine Gute Nacht und freue mich auf den nächsten Tag!

Ein neuer Tag beginnt........

Datum _____   Heute aufgestanden um _____Uhr
Wochentag _____   Eingeschlafen um   _____Uhr
                                Schlafdauer insgesamt _____h

So habe ich geschlafen: gut oder   schlecht, weil ich
- Alpträume   hatte
- Einschlafstörungen
- Durchschlafstörungen
- Früherwachen

So fühle ich mich im Moment:

Energie ____ / 10   Anspannung ____ / 10   Grübelei ____/ 10
Freude ____ / 10   Traurigkeit ____ / 10   Angst ____/ 10
Antrieb ____ / 10   Verzweiflung ____ / 10   Schmerzen ___/ 10

Ich bin stolz auf mich, weil

_____

_____

Bei diesen drei Dingen, habe ich das Gefühl, das ich sie jeden Tag
vor mir herschiebe:

1._____   Dringlichkeit ____/10
2._____   Dringlichkeit ____/10
3._____   Dringlichkeit ____/10

Nummer ... werde ich heute erledigen, weil es aus diesen Gründen besonders dringlich
ist:

_____

_____

Wenn ich das erledigt habe, gönne ich mir etwas Gutes, um mich zu belohnen:

_____

_____

Ich habe für heute folgende soziale Kontakte „geplant"

Am Telefon _____

In den sozialen Medien _____

In der „Realität"_____

Um diese Zeit werde ich einen Spaziergang an der frischen Luft unternehmen:

_____Uhr.

Welche drei Gefühle herrschen im Moment in mir vor:

1. _____ 2. _____ 3. _____

Warum fühle ich im Moment verstärkt:

Gefühl Nummer 1

_____

_____

_____

_____

Gefühl Nummer 2

_____

_____

_____

Gefühl Nummer 3

Raum für Gedanken und Notizen

Es ist Abend, der Tag neigt sich dem Ende zu....

Das habe ich heute tatsächlich gemacht:

Erledigung des vorgenommenen To Do   ja/nein.
Wenn „Nein" was habe ich statt dessen erledigt?

An der frischen Luft gewesen   ja/nein
Wenn „Nein" warum nicht?

---H

abe ich heute etwas für die Pflege meines Körpers getan? ja/nein

Habe ich heute soziale Kontakte gehabt   ja/nein

Wenn es keine „realen" soziale Kontakte gab, warum nicht?

_____

_____

Bin ich heute einem meiner Hobbies nachgegangen   ja/nein

Wenn nein, wieso nicht? Wenn ja, welchem Hobby?

_____

_____

Das habe ich heute in der Wohnung aufgeräumt, auch wenn es vielleicht nur eine
Kleinigkeit war:

_____

_____

Habe ich heute etwas gemacht, bei dem ich lieber auf mich Acht gegeben hätte und
ich „Nein" sagen sollte?   ja/nein

Wenn ja, um was hat es sich gehandelt?

_____

_____

_____

Wann ging es mir heute besonders gut und warum?

_____

_____

_____

_____

Freue ich mich morgen auf etwas Bestimmtes?   ja/nein
Wenn ja, dann auf was?

_____

Werde ich morgen etwas anders machen als heute?   ja/nein
Wenn ja, dann was?

_____

Mit diesen/m Ritual/en werde ich mich heute auf das Zubettgehen vorbereiten:
_____

Das werde ich dagegen unternehmen, wenn ich nicht einschlafen kann:
_____

So fühle ich mich im Moment:

Energie ___ / 10   Anspannung ___ / 10   Grübelei ___/ 10

Freude ___ / 10   Traurigkeit ___ / 10   Angst ___/ 10

Antrieb ___ / 10   Verzweiflung ___ / 10   Schmerzen___/ 10

Das hat mich heute gedanklich am meisten beschäftigt:

_____

_____

_____

_____

_____

_____

...und diese Gedanken lasse ich jetzt an mir vorbeiziehen, weil ich auch morgen noch
darüber nachdenken kann.
Ich wünsche mir eine Gute Nacht und freue mich auf den nächsten Tag!

Ein neuer Tag beginnt........

Datum _____   Heute aufgestanden um _____Uhr
Wochentag _____   Eingeschlafen um   _____Uhr
                               Schlafdauer insgesamt _____h

So habe ich geschlafen: gut oder   schlecht, weil ich
- Alpträume   hatte
- Einschlafstörungen
- Durchschlaftstörungen
- Früherwachen

So fühle ich mich im Moment:

Energie ___ / 10   Anspannung ___ / 10   Grübelei ___/ 10
Freude ___ / 10   Traurigkeit ___ / 10   Angst   ___/ 10
Antrieb ___ / 10   Verzweiflung ___ / 10   Schmerzen ___/ 10

Ich bin stolz auf mich, weil

_____

_____

Bei diesen drei Dingen, habe ich das Gefühl, das ich sie jeden Tag
vor mir herschiebe:

1._____ Dringlichkeit ___/10
2._____ Dringlichkeit ___/10
3._____ Dringlichkeit ___/10

Nummer ... werde ich heute erledigen, weil es aus diesen Gründen besonders dringlich
ist:

_____

_____

Wenn ich das erledigt habe, gönne ich mir etwas Gutes, um mich zu belohnen:

_____

_____

Ich habe für heute folgende soziale Kontakte „geplant"

Am Telefon _____

In den sozialen Medien _____

In der „Realität"_____

Um diese Zeit werde ich einen Spaziergang an der frischen Luft unternehmen:
_____Uhr.

Welche drei Gefühle herrschen im Moment in mir vor:

1. _____ 2. _____ 3. _____

Warum fühle ich im Moment verstärkt:
Gefühl Nummer 1

_____

_____

_____

Gefühl Nummer 2

_____

_____

_____

Gefühl Nummer 3

Raum für Gedanken und Notizen

Es ist Abend, der Tag neigt sich dem Ende zu....

Das habe ich heute tatsächlich gemacht:

Erledigung des vorgenommenen To Do   ja/nein.
Wenn „Nein" was habe ich statt dessen erledigt?

An der frischen Luft gewesen   ja/nein
Wenn „Nein" warum nicht?

---H

abe ich heute etwas für die Pflege meines Körpers getan? ja/nein

Habe ich heute soziale Kontakte gehabt   ja/nein
Wenn es keine „realen" soziale Kontakte gab, warum nicht?

_____

_____

Bin ich heute einem meiner Hobbies nachgegangen   ja/nein
Wenn nein, wieso nicht? Wenn ja, welchem Hobby?

_____

_____

Das habe ich heute in der Wohnung aufgeräumt, auch wenn es vielleicht nur eine
Kleinigkeit war:

_____

_____

Habe ich heute etwas gemacht, bei dem ich lieber auf mich Acht gegeben hätte und
ich „Nein" sagen sollte?   ja/nein
Wenn ja, um was hat es sich gehandelt?

_____

_____

_____

_____

Wann ging es mir heute besonders gut und warum?

_____

_____

_____

_____

Freue ich mich morgen auf etwas Bestimmtes?   ja/nein
Wenn ja, dann auf was?

_____

Werde ich morgen etwas anders machen als heute?   ja/nein
Wenn ja, dann was?

_____

Mit diesen/m Ritual/en werde ich mich heute auf das Zubettgehen vorbereiten:
_____

Das werde ich dagegen unternehmen, wenn ich nicht einschlafen kann:
_____

So fühle ich mich im Moment:

Energie ___ / 10   Anspannung ___ / 10   Grübelei ___/ 10

Freude ___ / 10   Traurigkeit ___ / 10   Angst   ___/ 10

Antrieb ___ / 10   Verzweiflung ___ / 10   Schmerzen___/ 10

Das hat mich heute gedanklich am meisten beschäftigt:

_____

_____

_____

_____

_____

_____

...und diese Gedanken lasse ich jetzt an mir vorbeiziehen, weil ich auch morgen noch

darüber nachdenken kann.

Ich wünsche mir eine Gute Nacht und freue mich auf den nächsten Tag!

Ein neuer Tag beginnt........

Datum _____   Heute aufgestanden um _____Uhr

Wochentag _____   Eingeschlafen um   _____Uhr

                          Schlafdauer insgesamt _____h

So habe ich geschlafen: gut oder   schlecht, weil ich
- Alpträume   hatte
- Einschlafstörungen
- Durchschlafstörungen
- Früherwachen

So fühle ich mich im Moment:

Energie ____ / 10   Anspannung ____ / 10   Grübelei ____/ 10

Freude ____ / 10   Traurigkeit ____ / 10   Angst   ____/ 10

Antrieb ____ / 10   Verzweiflung ____ / 10   Schmerzen ___/ 10

Ich bin stolz auf mich, weil

_____

_____

Bei diesen drei Dingen, habe ich das Gefühl, das ich sie jeden Tag
vor mir herschiebe:

1._____   Dringlichkeit ___/10

2._____   Dringlichkeit ___/10

3._____   Dringlichkeit ___/10

Nummer ... werde ich heute erledigen, weil es aus diesen Gründen besonders dringlich
ist:

_____

_____

Wenn ich das erledigt habe, gönne ich mir etwas Gutes, um mich zu belohnen:

_____

_____

Ich habe für heute folgende soziale Kontakte „geplant"
Am Telefon _____
In den sozialen Medien _____
In der „Realität"_____

Um diese Zeit werde ich einen Spaziergang an der frischen Luft unternehmen:
_____Uhr.

Welche drei Gefühle herrschen im Moment in mir vor:

1. _____ 2. _____ 3. _____

Warum fühle ich im Moment verstärkt:
Gefühl Nummer 1

_____

_____

_____

_____

Gefühl Nummer 2

_____

_____

_____

Gefühl Nummer 3

_____

Raum für Gedanken und Notizen

_____

Es ist Abend, der Tag neigt sich dem Ende zu....

Das habe ich heute tatsächlich gemacht:

Erledigung des vorgenommenen To Do   ja/nein.
Wenn „Nein" was habe ich statt dessen erledigt?

_____

An der frischen Luft gewesen   ja/nein
Wenn „Nein" warum nicht?

_____ H

abe ich heute etwas für die Pflege meines Körpers getan? ja/nein

Habe ich heute soziale Kontakte gehabt   ja/nein
Wenn es keine „realen" soziale Kontakte gab, warum nicht?

_____

_____

Bin ich heute einem meiner Hobbies nachgegangen   ja/nein
Wenn nein, wieso nicht? Wenn ja, welchem Hobby?

_____

_____

Das habe ich heute in der Wohnung aufgeräumt, auch wenn es vielleicht nur eine
Kleinigkeit war:

_____

_____

Habe ich heute etwas gemacht, bei dem ich lieber auf mich Acht gegeben hätte und
ich „Nein" sagen sollte?   ja/nein
Wenn ja, um was hat es sich gehandelt?

_____

_____

_____

Wann ging es mir heute besonders gut und warum?

_____

_____

_____

_____

Freue ich mich morgen auf etwas Bestimmtes?   ja/nein
Wenn ja, dann auf was?
_____

Werde ich morgen etwas anders machen als heute?   ja/nein
Wenn ja, dann was?
_____

Mit diesen/m Ritual/en werde ich mich heute auf das Zubettgehen vorbereiten:
_____

Das werde ich dagegen unternehmen, wenn ich nicht einschlafen kann:
_____

So fühle ich mich im Moment:

Energie ___ / 10   Anspannung ___ / 10   Grübelei ___ / 10
Freude ___ / 10   Traurigkeit ___ / 10   Angst ___ / 10
Antrieb ___ / 10   Verzweiflung ___ / 10   Schmerzen ___ / 10

Das hat mich heute gedanklich am meisten beschäftigt:
_____
_____
_____
_____
_____
_____

...und diese Gedanken lasse ich jetzt an mir vorbeiziehen, weil ich auch morgen noch darüber nachdenken kann.
Ich wünsche mir eine Gute Nacht und freue mich auf den nächsten Tag!

Weitere Veröffentlichungen
von Doreen Schmidt

„Stimmungstagebuch für Borderliner"
Das Tagebuch für Borderliner, die ihre Emotionen, Gedanken und
Anspannungen im Blick behalten wollen.

„Das Tagebuch für meine Seele. Selbsthilfe gegen Stress,
Depressionen und Burnout."
Das Tagebuch mit Terminplanung und ausführlicher Reflektion von
Gedanken, Emotionen und Erlebnissen.

„Mein Therapietagebuch"
Erfassung von Daten, Inhalten, Ergebnisse und Fragen für Deine
Therapiesitzungen.

„Mein Tagesplan. Eine spezielle Hilfe gegen Antriebsprobleme,,
—ein Ergänzungsbuch —
Möglichkeit Deinen Tag genau zu strukturieren, sich Ziele zu setzen, die man
erreichen kann. Den Antrieb durch Planung zu steigern.